解式

最強に面白い!!

哲学

はじめに

哲学とは，いったいどんな学問なのでしょうか。英語で哲学を意味する「philosophy」は，古代ギリシャ語の「philosophia」が語源になったといわれています。「philo」は愛する，「sophia」は知という意味をもちます。つまり哲学とは，「知を愛する」学問のことなのです。

哲学がはじまったのは，今から2500年以上前の，古代ギリシャの時代とされています。現代の私たちが「科学」とよぶ学問も，当時は哲学に含まれていました。哲学と科学が分かれたのは，17～19世紀ごろだといわれています。つまりガリレオやニュートンも，みな哲学者だったのです。

本書は，古代から現代にいたるまでの哲学者たちの思考の歴史を，科学とのつながりに注目しながらたどる1冊です。“最強に”面白い話題をたくさんそろえましたので，どなたでも楽しく読み進めることができます。どうぞお楽しみください！

ニュートン式
超図解　最強に面白い!!

哲学

イントロダクション

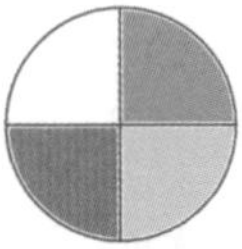

1. 科学の起源は，古代ギリシャ哲学

2. 科学を育てた！ 中世と近世の哲学

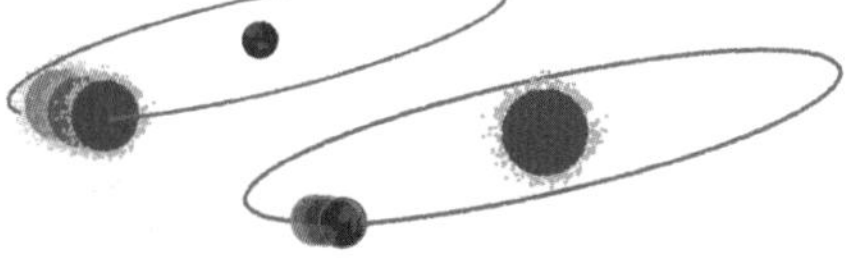

3. 科学と発展した！ 近代の哲学

4. 科学と歩む！　現代の哲学

イントロダクション

哲学とは，どのような学問なのでしょうか。イントロダクションでは，古代ギリシャの時代から哲学で考えられてきた四つのテーマを紹介します。また，現代において，科学で解明する問題と，哲学でしか考えられない問題について紹介します。

1 哲学で考えられてきた大問題が，四つある

科学の原型が，哲学の中に含まれていた

哲学は，今から2500年以上前の，古代ギリシャの時代にはじまったとされています。当時の哲学は，物事のなりたちやしくみを考えるものであり，現代の科学の原型も，その中に含まれていました。

哲学と科学が分かれたのは，17世紀から19世紀にかけてのことだと考えられています。そのため，科学と分かれる前の哲学と現代の哲学とでは，性格が大きくことなります。

さまざまな問題を，1人で考えていた

哲学で考えられてきたテーマを便宜的に分けると，四つに分けられます。本質を知る「形而上学」，正しく知る「認識論」，善悪や価値の判断をする「倫理学」，正しい推論をする「論理学」です。

古代ギリシャ時代の哲学者は，四つのテーマの分類をこえて，さまざまな問題について1人で考えていました。その後，時代が進むにしたがって，四つのテーマのうちの特定の一つか二つのテーマに集中して研究することが，一般的になりました。20世紀以降になると，自然哲学，心の哲学，言語哲学，政治哲学などの個別の対象についての研究が，分野として独立し，細分化されていきました。

哲学の四つのテーマ

哲学がこれまで考えてきたテーマは，大きく四つに分けることができます。形而上学，認識論，倫理学，論理学です。

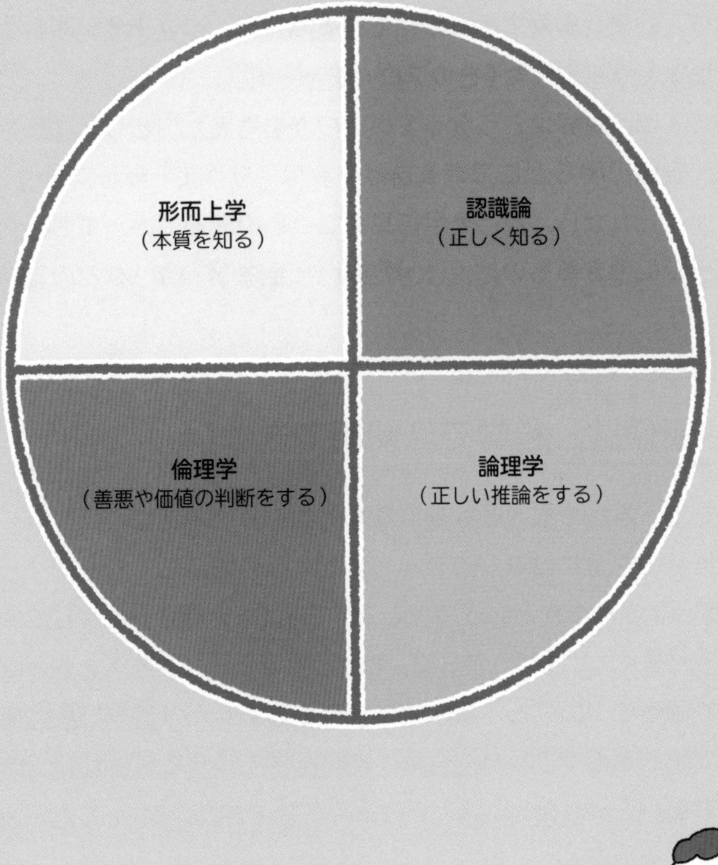

哲学があつかうテーマは，範囲が広いのだ。

2 現在は，哲学で考える問題と，科学で考える問題がある

実験で明らかにできる問題は，科学の問題

現在，観察や実験で明らかにできる問題は，哲学で考えられる問題ではなくなりました（右のフローチャート）。

たとえば，世界はどうなっているのかを考えたいとします。そのうち，実験で明らかにできる自然の姿は，すべて「自然科学」の問題です。それから，たとえ目に見えない心の問題であっても，実験で明らかにできるものは，「心理学」や「脳神経科学」などの科学の問題です。

倫理や価値は，科学では解明できない

一方で，自然の根本的な姿や基本的な世界の本質については，観察や実験の対象にはなりません。また，心の問題も，心と体がどういう関係にあるのかということについては，まだ明らかにされていない部分が多くあります。さらに，われわれはどう生きるべきかという倫理や価値についても，科学では解明できません。**こうした観察や実験で明らかにできない問題は，実は哲学でしか考えられない問題なのです。**

哲学のフローチャート

自分の考えたいことをたどっていくと，それがどの分野の問題なのかがわかります。自然哲学，形而上学，認識論，心の哲学，論理学，倫理学と価値論は，哲学の分野です。

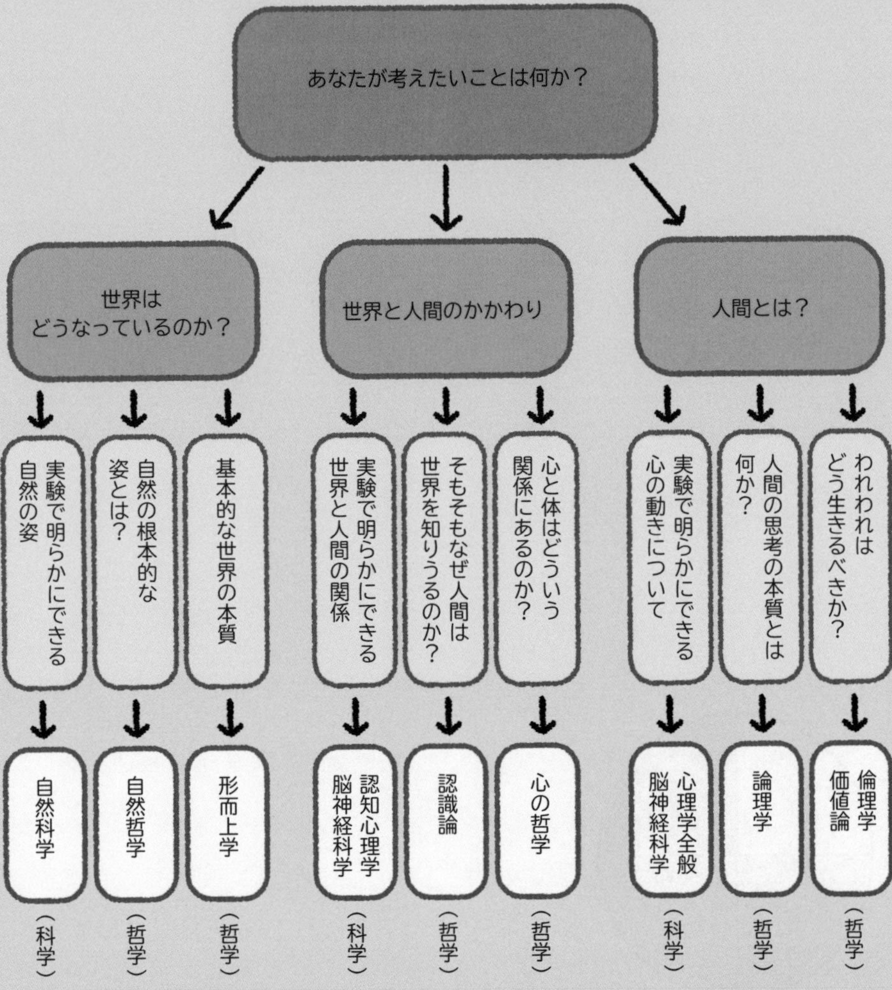

1. 科学の起源は，古代ギリシャ哲学

哲学は，古代ギリシャ時代にはじまったとされています。当時，科学は哲学に含まれていました。第1章では，古代ギリシャの哲学にみられる，科学の起源を紹介しましょう。

— 紀元前６世紀ごろ：哲学のはじまり —

1 ゼウスのせいにしても，満足はできない！

神話にもとづく説明がされていた

哲学がはじまったとされているのは，今から2500年以上もさかのぼった紀元前６世紀ごろ，古代ギリシャの地においてでした。

当時，さまざまな自然現象に対して，神話などの伝承にもとづく超自然的な説明がされていました。たとえば，雷が落ちるのは全能の神ゼウスのせい，人が眠るのは眠りの神ヒュプノスのしわざ，などの説明です。このような神話的な説明を，「ミュトス」といいます。

自然現象を，理性的に説明しようとした

ところが，紀元前６世紀のはじめごろから，ミュトスに満足できない人たちがあらわれはじめました。彼らは，自然現象をより理性的（合理的）に説明しようと試みました。このような理性的な説明のことを「ロゴス」といいます。自然現象を見て「なぜだろう？」と問い，ミュトスよりもロゴスを重視する人々。そんな人々があらわれたことで，知を愛する営みである哲学がはじまったのです。

17世紀から19世紀にかけて，哲学の一部が「科学」とよばれるようになります。科学は意外にも若く，その起源をたどっていくと，この古代ギリシャ人たちのロゴスにたどり着くのです。

疑問から生まれた哲学

古代ギリシャ神話の全能の神ゼウスが，雷を落としているイメージをえがきました。自然現象を見て「なぜだろう？」と疑問に思ったときに，こういった神話的説明（ミュトス）ではなく，理性的説明（ロゴス）を求めたことが，哲学のはじまりでした。

— 紀元前６世紀ごろ：最古の哲学者 —

2 タレス「観察したところ，万物の根源は水だ」

重要なのは，結論に至った過程

「最古の哲学者」とされる人物がいます。紀元前６世紀前半に活躍し，ギリシャ七賢人に数えられるタレス（前625ごろ〜前545ごろ）です。**タレスは，「万物の根源は水である」ととなえました。**現代の科学知識からすると，「万物の根源は水」という考えは正しくはありません。しかし，ここで重要なのは，タレスがどのようにしてその結論に至ったのかということです。

現代では，科学の基本とされている手法

タレスの考えの根拠の一つは，「観察」でした。「人間も動植物も，生命は水がないと生きていけない」「あらゆる物体は気体・液体・固体でできていて，水はそのすべてに姿を変えることができる」「大地は大量の水（海）に浮かび，支えられている」。**タレスは万物の根底にある普遍的で本質的なものを求め，それが水であると考えたのです。**このような「観察にもとづく推論」は，現代では科学の基本とされている手法です。この科学的な態度こそが，タレスが「最古の哲学者」とされる理由なのです。

世界を観察したタレス

最古の哲学者タレスが観察した世界のイメージをえがきました。タレスは，観察にもとづいて，「万物の根源は水（古代ギリシャ語でヒュドール）である」ととなえました。

タレスは，人や動物，植物が，生きるのに水が必要だということを，観察して気づいたのだ。

— 紀元前６世紀後半：ピタゴラス教団 —

3 ピタゴラス「万物を支配するのは，数の調和だ」

学問と宗教が一体となった結社がつくられた

数学は，古代ギリシャ時代に発展をとげました。しかし当時は，数学と哲学の区別はなく，哲学者が数学に取り組んでいました。「ピタゴラスの定理（三平方の定理）」で有名なピタゴラス（前６世紀後半に活躍）も，そんな哲学者の１人です。

若いころから博学，勉強家と評判だったピタゴラスのまわりには，弟子たちが集まりました。そして，学問と宗教が一体となった結社である「ピタゴラス学派」がつくられました。

世界は単純な比でできていると考えた

あるときピタゴラスは，弦の長さと音階に関する法則を発見しました。弦の長さの比は，低いドと高いドで2：1，低いドとソで3：2，低いドとファで4：3です。ピタゴラスは，ハーモニーを奏でる弦が単純な比をもつことに感動し，世界は単純な比（美しい関係）でできていると考えました。「あらゆる現象の裏にひそむ法則は，数学を使って記述できる」という考えは，現代科学でも一般的です。ピタゴラスの考えは，こういった考えの原点だったのです。

ピタゴラス学派のシンボル

ピタゴラス学派の神聖なシンボルとされた「テトラクテュス」をえがきました。テトラクテュスは，「1＋2＋3＋4」の10個の点でできています。ハーモニーの基本となる数が整然と並んでいるため，神聖なものとされました。

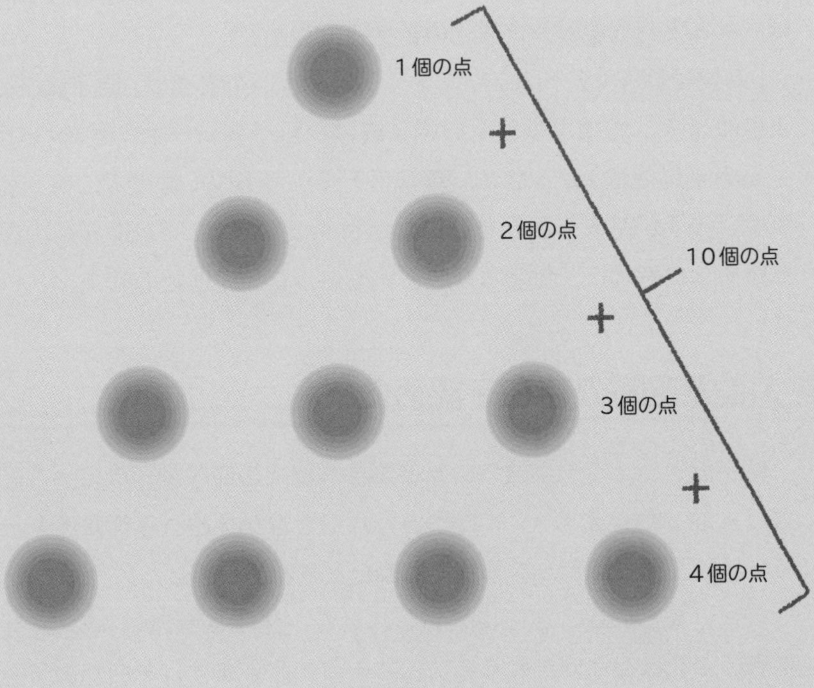

それぞれの段にある点の数を足していくと，ちょうど10になるのね。

— 紀元前５世紀後半：原子論 —

4 レウキッポス「万物は，原子でできている」

哲学者が，原子論を生みだした

「近代的な科学知識」といえる原子の存在をはじめてとなえたのは，なんと古代ギリシャ時代の哲学者でした。

「万物は原子（アトム）でできている」という考えは「原子論」とよばれます。古代ギリシャの原子論は，哲学者レウキッポス（前5世紀後半に活躍）がとなえ，哲学者デモクリトス（前460ごろ～前360ごろ）が完成へとみちびいたとされています。2400年前の顕微鏡もない時代に，哲学者が原子論を生みだしていたのです。

空っぽの空間の存在を認めた

原子論といっても，彼らの原子論は，現代の原子論とは多少ことなります。たとえば，「それ以上分割できない」という性質をもっていれば，原子はどんな形状でもよいとされていました。

また，彼らのいう原子は消滅しません。原子が消滅しないので，世界の変化は原子が移動することによって生じます。そのため，空っぽの空間（空虚）を想定する必要がありました。**空虚，つまり無の存在を認めたことは，彼らの原子論の最大の特徴といえるのです。**

原子論のイメージ

レウキッポスとデモクリトスがとなえた原子論のイメージをえがきました。彼らは，さまざまな形状の原子が集まって，あらゆる物体がつくられていると考えました。

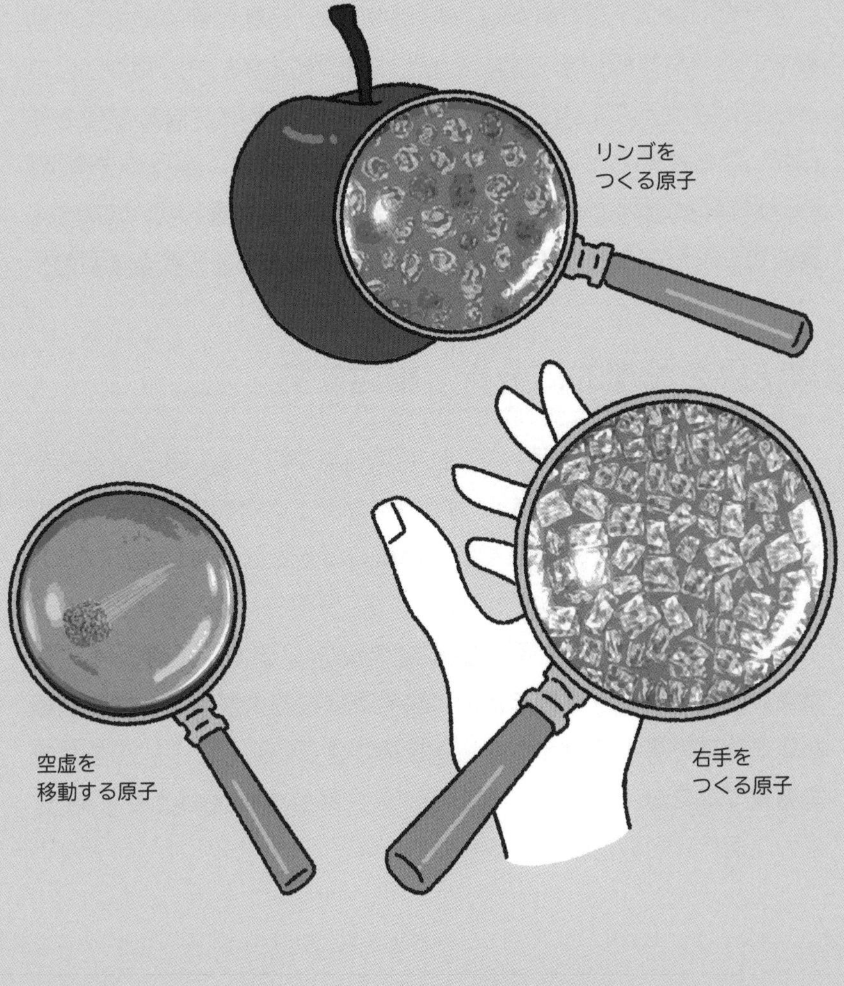

— 紀元前５～４世紀：万学の祖 —

5 真の知を，３人の偉大な哲学者が考えた

だれでも己の無知をまず知ること

哲学者ソクラテス（前469～前399）は，知者と評判の人々を訪ね歩いて対話を行いました。しかし「真の知」をもつ人物など，ひとりもいませんでした。そして最も賢い人間とは，自分が何も知らないことを知っている人間なのだと気づきます。**ソクラテスは，「だれでも己の無知をまず知ること（無知の知）によってはじめて，真の知を求めようとする態度（哲学）が生まれうる」と説きました。**

観察結果を論理的に分析・検討する

ソクラテスの弟子プラトン（前427～前347）は，あらゆる物や概念には，その理想型である「イデア」が天上の世界に存在し，この世界はイデアをモデルにつくられた模造だととなえました。プラトンは，イデアを探究することで「真の知」が得られると考えました。

一方，プラトンの学園で学んだアリストテレス（前384～前322）は，「真の知」を得るために自然を徹底的に観察し，観察結果を論理的に分析・検討する方法を採用しました。また，先人の文献を調査することも，重視しました。アリストテレスのこの考えは，まさに現代科学の基盤となるものでした。

アリストテレスの学問分類

アリストテレスは，学問を「理論的学問」「実践的学問」「制作的学問」の3種類に分けました。そしてそれらをまとめて「哲学（知の探究）」とよび，「論理学」は哲学には含めず，哲学のための道具だとしました。この学問分類のすべてについて著書を残したことから，アリストテレスは「万学の祖」とよばれます。

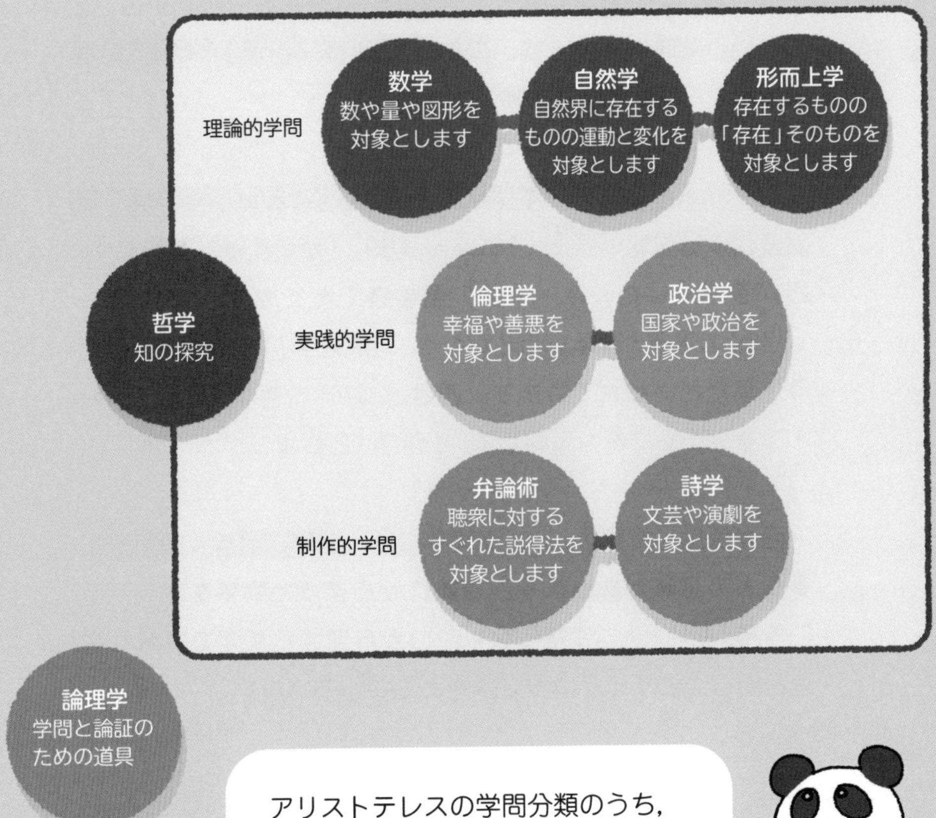

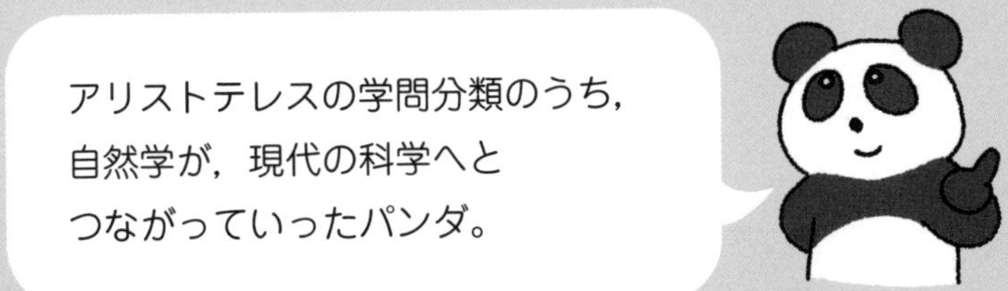

哲学の「哲」

哲学は，英語では「philosophy」といいます。英語の「philosophy」は，古代ギリシャ語の「philosophia」が語源になったといわれています。「philo」は愛する，「sophia」は知という意味をもちます。**つまり「philosophy」とは，「知を愛すること」を意味します。**

「philosophy」の日本語訳である「哲学」という言葉は，明治時代の思想家の西周《にしあまね》（1829～1897）がつくった造語です。西が参考にしたのは，中国の儒学者である周敦《しゅうとん》頤《い》（1017～1073）の著書『通書』に出てくる，「希賢学」や「希聖学」という言葉だといわれています。西は，当初「希哲学」としていたものを，のちに希を省略して，「哲学」としました。

西が採用した「哲」という漢字には，道理に明るく知恵があるなどの意味があります。複雑にからまった物事をバラバラにする「折」と「口」からなり，口から発する言葉で複雑な道理を明らかにするという意味をあらわしています。

哲学

「無知」をあばいたソクラテス

世界三大悪妻の1人

ソクラテスの妻
クサンチッペは
西洋では悪妻の
代名詞となるほどの
人物だった
何をいっても
動じない
ソクラテスの頭に
突然水を浴びせた
また、町中でけんかを
はじめたときには
ソクラテスの上着を
はぎ取ったという
それでも
ソクラテスは
結婚をすすめた
良い妻を
もてば
幸せに
なれる
悪い妻をもてば
私のように
哲学者になれる

2. 科学を育てた！中世と近世の哲学

哲学と科学は，17世紀から19世紀にかけて，分かれたと考えられています。第2章では，科学を育てた，中世と近世の哲学をみていきましょう。

— 14世紀：オッカムのかみそり —

1 オッカム「明確に知覚できないものは，認めない」

キリスト教と，軋轢を生んでしまった

アリストテレスの哲学は，12世紀ごろからヨーロッパの人々に広く受け入れられました。しかし，キリスト教と軋轢《あつれき》を生んでしまいます。たとえば，アリストテレスの哲学では「世界にはじまりはない」と考えられていたのに対して，キリスト教では「世界は神によって創造された」と説いていました。神学者のトマス・アクィナス（1225ごろ～1274）は，神について考える「神学」こそが最上位の学問であり，哲学はその下に位置するととなえました。

哲学と神学が，切りはなされた

これに対して，神学者で哲学者のオッカム（1285～1347）は，神学と哲学の分離をとなえました。**オッカムは「明確に知覚できない（十分な根拠をもたない）存在や概念を認めるべきではない」「必要以上の仮定はするべきではない」と主張しました。**この「オッカムのかみそり」とよばれる考えによって，観察（経験）を重視する哲学と，神などの概念を用いる神学が切りはなされ，哲学が発展するきっかけになったのです。オッカムのかみそりの考え方は，現代科学の指針の一つになっています。

神学と哲学を分離

神学の領域（明確に知覚できないもの）を，哲学の領域（明確に知覚できるもの）から，かみそりで切りはなすイメージをえがきました。人間の概念は明確に知覚できないものに含まれ，AさんやBさんといった個別の人物は明確に知覚できるものに含まれます。

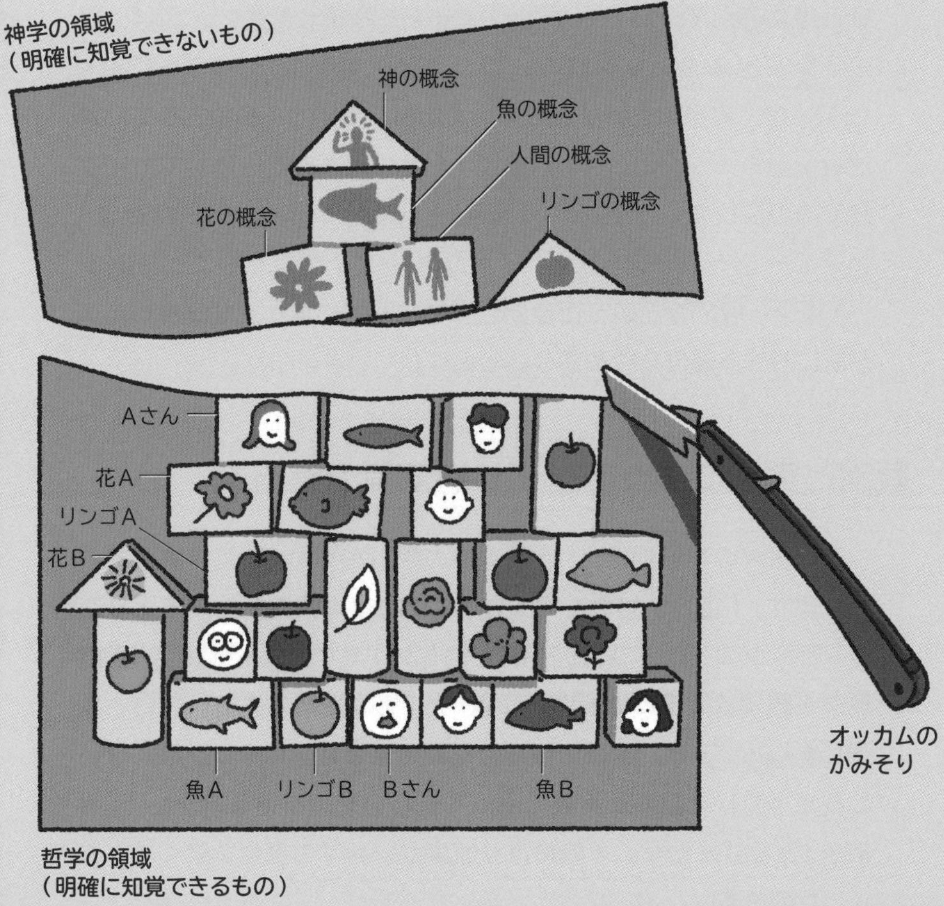

— 16世紀：近代科学の概念 —

2 ベーコン「観察の際には，思いこみは捨てるべき」

太陽のまわりを，地球がまわっている

14世紀に神学と切りはなされた哲学は，その後の中世後期および近世において，いちじるしい発展をとげました。 たとえば，ポーランド出身の天文学者のニコラウス・コペルニクス（1473～1543）は，惑星の奇妙なふるまいを自然に説明する仮説として，地球も惑星の一つだという「地動説」をとなえました。そして，イタリアのガリレオ・ガリレイ（1564～1642）やドイツのヨハネス・ケプラー（1571～1630），イギリスのアイザック・ニュートン（1642～1727）といった自然哲学者たちが，地動説を改良し，天動説に対する優位をゆるぎないものにしていきました。

観察と実験によって，正しい知識を得る

この哲学の発展期に，「近代科学の祖」とよばれる哲学者があらわれます。「正しい知識を得るための方法」を提案した，イギリスのフランシス・ベーコン（1561～1626）です。**ベーコンは，自然現象を観察する際には，思いこみ（イドラ）を捨て去るべきだと主張しました。** また，実験の重要性を説きました。ベーコンは，思いこみを排除した観察と実験によって正しい知識を得る方法を，「帰納法」とよびました。その慎重な態度が，科学の誕生を強くあとおししたのです。

天動説から地動説へ

「天動説」から「地動説」へと，世界観が転換したようすをえがきました。天動説は，地球が宇宙の中心にあり，地球のまわりを太陽がまわっているとする考えです。一方，地動説は，太陽のまわりを地球がまわっているとする考えです。

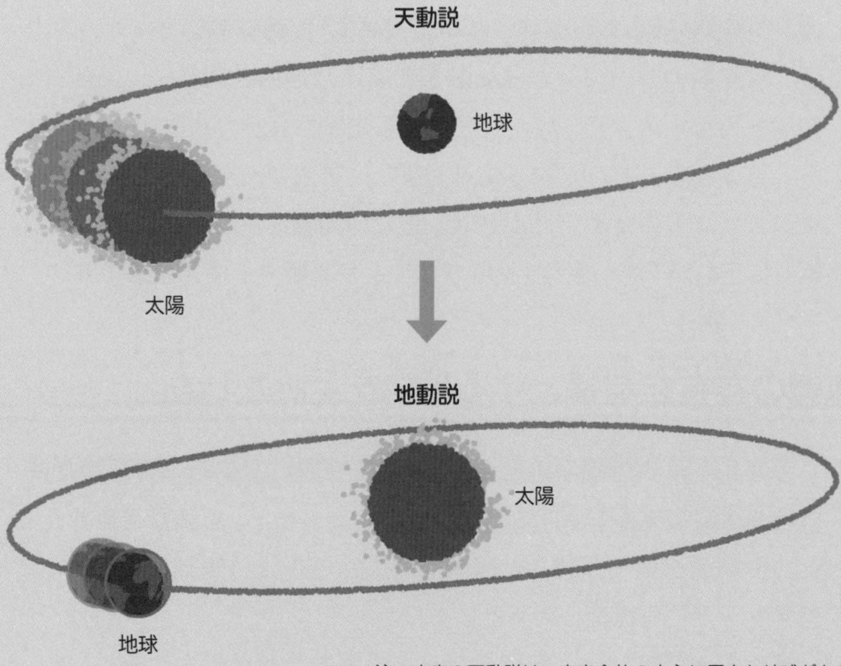

注：本来の天動説は，宇宙全体の中心に巨大な地球があるというイメージです。ここでは簡略化しています。

大地は動かないという思いこみにとらわれない
自由な思考が，地動説の発想につながったのだ。

— 17世紀：自意識 —

3 デカルト「自分の意識だけは，確かに存在する」

絶対に正しい「第一原理」が必要

17世紀，フランスの哲学者のルネ・デカルト（1596 ～ 1650）は，「あらゆるものは存在しないのでは？」と疑いました。その理由は，哲学者のベーコンが帰納法をとなえた理由と同様に，「正しい知識を得るため」でした。前提となる知識や経験がまちがっていたら，そこからみちびかれる知識もまた，まちがったものになってしまいます。そのためデカルトは，正しい知識を得るためには，まず絶対に正しい「第一原理」をさがすことが必要だと考えたのです。

意識の存在を前提とする哲学を生みだした

デカルトは試行錯誤の結果，「すべてを疑っているこの意識だけは確かに存在すること」に気がつきます。そして「意識が存在する」という命題が第一原理だと考え，ここから正しい知識を積みあげ，哲学を一から再構築しようとしました。

デカルトの疑いは，意識の存在を前提とする哲学を生みました。私たち人間は，考える「意識」と機械的物体としての「身体」でできていると考えたのです。この考え方を，「心身二元論」といいます。

注：現代の科学では，意識は脳でつくられるものであり，身体から独立に存在するものではないという考え方（心身一元論）が一般的です。

デカルトの疑い

「私」の存在だけは疑えないとしたデカルトの考えをえがきました。デカルトは，目の前の物体も，自分自身の肉体も，数学の計算結果も，あらゆるものを疑いました。

デカルトの決闘

近代哲学の父と評されるデカルトの青春時代のエピソードを紹介します。**ある日，デカルトが好意を寄せている女性とパリの街を歩いていると，突然恋敵があらわれ，決闘を申し入れてきました。**決闘となれば，傷を負わされるだけでなく，場合によっては命を奪われることもありました。しかしデカルトは，その場で決闘を受け入れました。

勝負がはじまると，デカルトは，一瞬で相手の剣をたたき落としたといいます。デカルトは大学卒業後，志願してオランダの軍隊に入っていたのです。三十年戦争にも参加しており，剣技は相当なものでした。

決闘に勝利したデカルトは，「私がいま命をかけたあの女性に，君は命を助けてもらったのだから，彼女に礼をいうがよい」と相手を許し，剣を返したといいます。**晴れて勝利を勝ちとったデカルトでしたけれど，なぜかこの女性への恋心も断ち切ってしまったそうです。**

— 17世紀：物理学と決定論 —

4 未来は決まっている，という考えが生まれた

物体は，数学的に記述できる

デカルトはあらゆる存在を疑ったのち，「意識が存在する」という命題を第一原理にして，哲学を再構築しました。そして「物体は存在する」という結論に達しました。ここでいう「物体」とは，大きさと形だけをもつ，幾何学的な存在のことです。

実はこの考えは，「物体は数学的に記述できるものだ」といいかえることができます。デカルトはこの考えをもとにして，物体の運動の法則について研究しました。

あらゆる現象の未来は，計算可能

デカルトはさらに，「自然の事物」をすべて機械の部品のようなものだととらえました。天候の変化も，動物の動きも，私たちの身体機能も，すべて数学的にときあかせると考えたのです。この考えは「機械論的自然観」とよばれています。

機械論的自然観は，「万物の運動をすべて数学的に記述できるとすれば，あらゆる現象の未来は計算可能だ」とする考えが生まれる一つのきっかけになりました。この考えは，未来はあらかじめ決まっているという「決定論」とよばれるものです。

注：デカルト自身は精神が物理法則から自由だと考え，反決定論をとっていました。

サイコロの出目は計算可能

原理的には，投げられたサイコロの出目は，サイコロの運動の軌跡を計算すれば，サイコロが静止する前に知ることができます。同じように，あらゆる現象の未来は，計算可能であるとすれば，知ることができます。つまり，未来はすでに決まっていることになります。これが，「決定論」とよばれる考えです。

投げられたサイコロは，どの目が出るか決まっているパンダ。

— 17世紀：経験論① —

5 ロック「経験を重ねると，バナナを認識できる」

生まれたばかりの赤ちゃんは，白紙の状態

私たちがバナナを見たときに，「バナナである」とわかるのはどうしてでしょうか。そんな疑問について考えたのが，イギリスの哲学者のジョン・ロック（1632～1704）でした。

ロックはこの疑問に対して，「生まれたばかりの赤ちゃんは，白紙の状態であり，その後のさまざまな経験によって，知識が書きこまれていく」と考えました。つまり，「経験を重ねることによって，バナナがバナナであることがわかるようになる」と考えたのです。

観念は，心の中にしか存在しない

ロックの考えにもとづくと，人はバナナから，「甘い」や「黄色い」，「細長い」などの印象（単純観念）を得ます。この経験を重ねていくと，頭の中にバナナという「複合観念」がつくられ，バナナをバナナと認識できるようになるというのです。**ロックは，こうしてできた観念，たとえば「黄色くて甘いバナナ」という観念は，心の中にしか存在しないと考えました。**生後の経験を重視するロックの哲学は「経験論」とよばれ，イギリスで発展していきました。

テーブルとバナナの観念

ロックの哲学をもとに，私たちがテーブルとバナナを認識するしくみをえがきました。色やにおいは心の中にあらわれる観念であり，外の世界にある原型は大きさと形しかもっていないと想定されます。

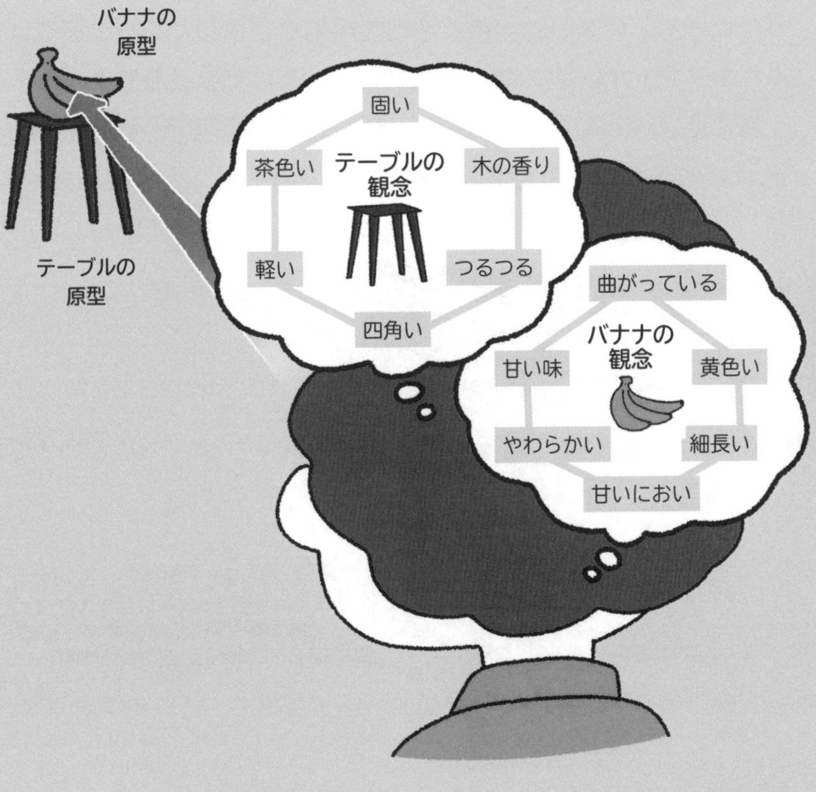

ロックは，色やにおいといった観念は，
心の中にしか存在しないと考えたのだ。

— 17世紀ごろ：科学の誕生 —

6 観察重視の哲学者たちが，科学を生んだ！

「自然哲学」から，一部が分離した

現在では科学者とよばれるガリレオもニュートンも，当時は哲学者だとされていました。自然法則の解明を目指した彼らの研究は，古代ギリシャからつづく「自然哲学」に含まれていたのです。

17世紀ごろ，この自然哲学から一部が分離する形で「science（科学）」が生まれはじめます。自然哲学のなかでも，とくに観察や実

科学を生んだ主な哲学者

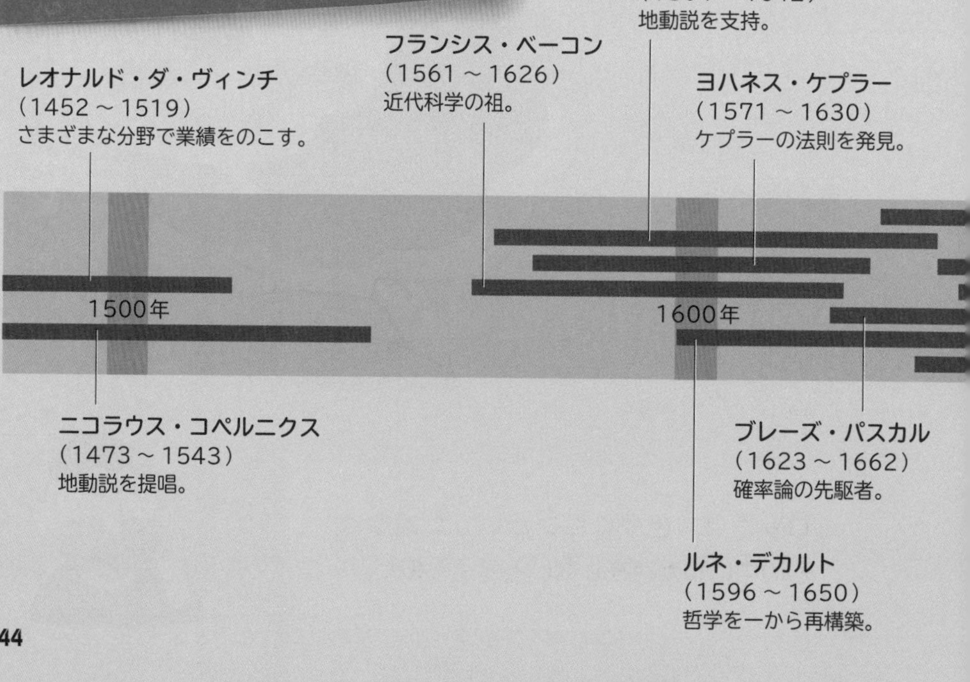

験といった客観的手法を用いて知識を得ようとする活動が，次第にscienceとよばれるようになっていったのです。

19世紀中ごろには，現在とほぼ同じ意味で定着

scienceという英単語自体は，14世紀にはすでに存在していました。ただそのころは，「知識全般」を指す言葉でした。それが18世紀のはじめごろから，scienceは「観察や実験によってみちびかれた法則や知識」という限定された意味でも使われるようになります。**そして19世紀の中ごろには，「客観性を重視した研究およびその内容」という，現在の「科学」とほぼ同じ意味で定着していたとされています。**

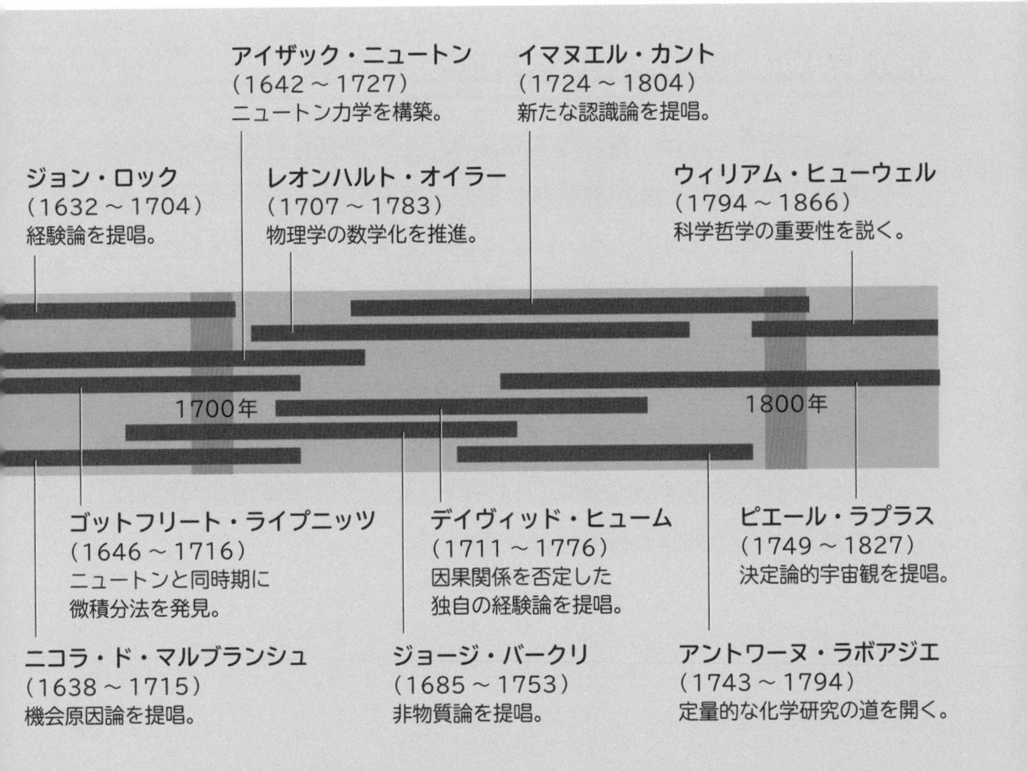

— 17世紀：機会原因論 —

7 ある状態をきっかけに，神が力をふるう

「実証主義」の考え方に影響をあたえた

科学の研究対象は，どこまでにするべきなのか。その境界線をめぐる考え方の基礎となったのが，「実証主義」という考え方です。実証主義とは，科学の対象は観察や実験で確かめられるものに限られるべきだというものです。

この実証主義の考え方に影響をあたえたといわれているのが，フランスの修道士のニコラ・ド・マルブランシュ（1638 ～ 1715）です。

神が見て，神が見せてくれると考える

マルブランシュは，あらゆる現象は，ある状態をきっかけ（機会）に神が力をふるい，神が結果をもたらしたものであると考えました。これを，「機会原因論」といいます。たとえば，リンゴを見たときにリンゴのイメージが頭の中にあらわれるという現象は，リンゴによるものだとは考えません。リンゴがあるという機会を神が見て，神がリンゴのイメージを見せてくれると考えるのです。

通常の物理的な説明に対してこういう対案が出たことが，意外なことに，目に見えない過程について語るときには慎重さが必要だという実証主義の発想にもつながりました。

ソルボンヌ大学

フランスのパリにある，ソルボンヌ大学をえがきました。マルブランシュは，ソルボンヌ大学で神学を学びました。しかし，論理をきわめていくスコラ哲学に嫌気がさし，大学を中退してしまいます。そしてその後，オラトリオ修道会に入りました。

マルブランシュは，ソルボンヌ大学で神学を学んだのね。

博士！
教えて!!

考える葦って何？

博士，「考える葦《あし》」って何ですか？

ふむ。葦は，イネの仲間の植物じゃ。考える葦というのは，フランスの哲学者で科学者のブレーズ・パスカル（1623～1662）が，著書『パンセ』の中に書いた有名な言葉じゃ。パスカルは，「人間は，1本の葦である。自然の中で最も弱いものにすぎない。しかしそれは，考える葦である」と書いておる。

どういう意味なんですか？

広大な宇宙にくらべたら，人間は1本の葦のようにちっぽけな存在じゃ。でも考えることができる。それは素晴らしく，偉大なことなんだという意味じゃ。

へぇ～。宇宙かぁ。

天気予報にでてくるパスカルも，このパスカルじゃぞ。

そうだったんだ。なんか身近に感じる！

— 18世紀：経験論② —

8 バークリ「とびらの向こうのイスは，存在しない」

存在するとは，知覚されることである

「とびらの向こうのイス」のように，直接見ることができず，さわれもしないような物は，ほんとうにそこにあるといえるでしょうか。

ロックの経験論を受けついだアイルランドの哲学者のジョージ・バークリ（1685～1753）は，「知覚できないものは存在しない」と考え，知覚と独立に存在するとされていた「物質存在」を認めませんでした。バークリの「存在するとは，知覚されることである」という言葉に，その考えが端的にあらわれています※1。

物質存在を認めない「非物質論」

ロックは，心の外の世界には大きさや形だけをもつ原型（物質存在）があると仮定していました。**しかし，バークリは，物の大きさや形でさえも，色や匂いなどと同じように，五感が刺激されて生じる心の中の観念だと考えたのです。**物質存在を認めないこのような立場は，「非物質論」とよばれています。

実は，バークリに似た考え方が，現代の「量子論（量子力学）」の解釈にもあらわれます。それによると，電子などのミクロな粒子の位置などの性質は，不確定であり，観測してはじめて確定します。

※1：しかし結局は，人間によって知覚可能なものであれば，人間によって知覚されていなくても神によって知覚され，神の観念（イデア）として存在している，とバークリは考えました。

物質存在を認めない

バークリの考えにもとづき，知覚されていない「とびらの向こうのイス」や「背中側の世界」が存在していないイメージをえがきました。ロックにはじまった経験論は，バークリを経て，経験できないものを疑うという方向に発展していきました。

「背中側の世界」は
存在しない？

「とびらの向こうのイス」は
存在しない？

バークリは，背中側やとびらの向こうにある知覚
できないものは，存在しないと考えたのね。

— 18世紀：経験論③ —

9 ヒューム「条件が同じなら結果も同じは，幻想」

球の衝突後の動きは，同じになるはず

経験論は，スコットランドの哲学者のデイヴィッド・ヒューム（1711～1776）によって，大きな転換をむかえます。

ビリヤードで，手球（白い球）をキュー（棒）で突き，静止した1番の球に当てることを考えましょう。手球と1番の球の衝突後の動きは，手球の位置やキューで突くいきおいなどの条件が完全に同じであれば，何度やっても同じになるはずです。しかしヒュームは，その考え方はほんとうに正しいのだろうかと考えました。

因果関係は，習慣に導かれた推測にすぎない

ヒュームは，「因果関係」とは目に見える規則性にすぎず，その背後にある必然性のようなものを想定する部分については，幻想だと考えていました。「球が衝突したこと」が「球が飛んでいったこと」を引きおこしたという因果関係は，実は習慣に導かれた推測にすぎません。つまり，どんなに実験をくりかえしても，因果関係をもちいて推測した結果が，絶対に正しいものとなることはありません。

こうしてヒュームは，「実験をもとに構築された理論」の弱点を明らかにしました。これは，科学の根底をゆるがすような指摘でした。

ヒュームの考え方

ビリヤードを例に，ヒュームの考えをえがきました。同じ球の配置で，同じように手球（白い球）を突いたとき，たとえ1億回同じように1番の球がはじかれたとしても，1億1回目に球がまったくちがう方向に飛んでいく可能性は否定できません。

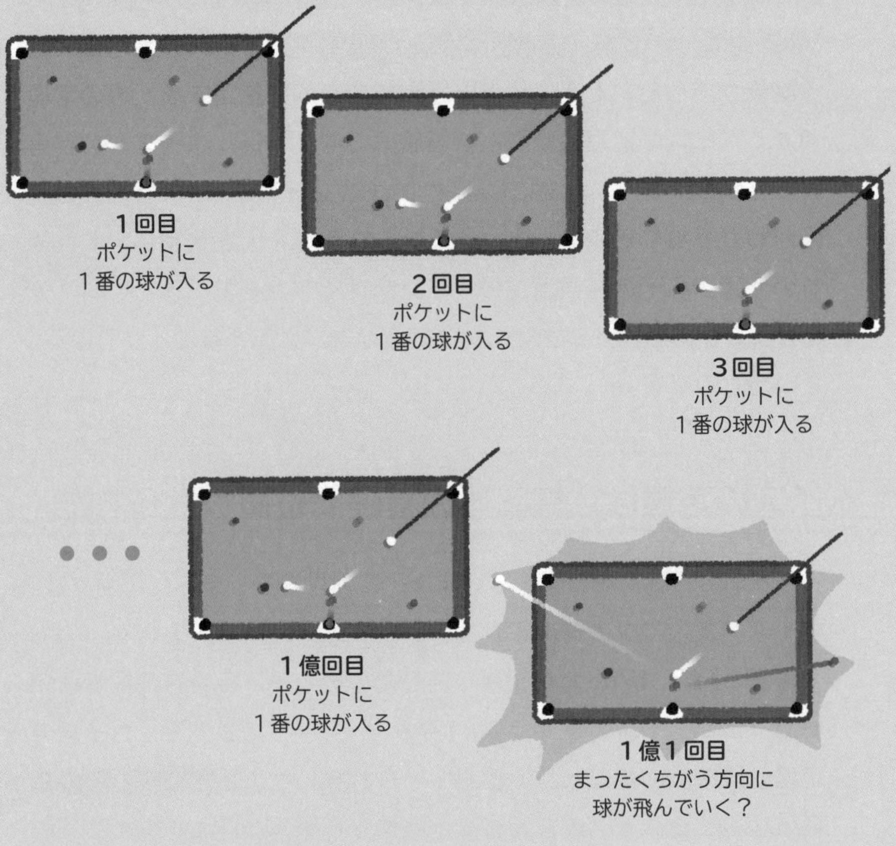

注：厳密には，「因果関係の問題」と「帰納の問題」を区別する必要があります。因果関係の問題は，過去に1億回起きた出来事の連鎖には，何か必然性があるのかという問題です。必然性があるのなら，次も同じように起きると考える理由になります。帰納の問題は，過去に1億回起きたことでも，1億1回目も同じように起きると考えていいのかという問題です。ヒュームは，因果関係の問題も帰納の問題も，同じように起きると考える根拠がないと考えました。

— 18世紀：ベイズの定理 —

10 ベイズ「多数の原因を仮定して，原因の確率を考えよ」

ベイズの定理の原型となる確率の考え方

イギリスの牧師で，哲学者で数学者のトーマス・ベイズ（1702～1761）は，「ベイズの定理」の生みの親です。ベイズの定理は，ある結果が得られたときに，その原因を数学的に推定するための定理です。ベイズの定理の原型となる確率の考え方は，ベイズが数学者として残した唯一の論文にしるされました。それは，「ある結果の原因がわからないときは，ありうるいろいろな原因を想定し，それぞれの原因からその結果がどのくらい起きそうかを調べるといい。そこから，どの原因がいちばんありそうかを，逆算することができる」というものです。

ベイズの定理は，確率論の基礎に位置づけられた

ベイズは，論文を公表しないまま，この世を去りました。論文は，ベイズの友人でウェールズの哲学者のリチャード・プライス（1723～1791）が，1763年に出版しました。そしてフランスの数学者のピエール＝シモン・ラプラス（1749～1827）によって，ベイズの定理は確率論の基礎として位置づけられました。**原因についての確率に注目したベイズの考え方は，結果から原因の確率を求める，のちの「ベイズ統計学」の土台となりました。**

ベイズが暮らした住居

イギリスの町タンブリッジ・ウェルズに残る，ベイズが暮らしたとされる住居をえがきました。

ベイズは，イギリスのエジンバラ大学で論理学と神学を学んだパンダ。

— 18世紀：コペルニクス的転回 —

11 カント「私たちの認識が，世界をつくっている」

180°ことなる世界のとらえかたをした

「コペルニクス的転回」という言葉があります[※1]。この言葉を生み出したのは，ドイツの哲学者のイマヌエル・カント（1724～1804）です。カントが登場する以前の哲学は，「まず秩序だった世界が先にあって，私たちはそれを認識している」という前提に立っていました。**しかしカントは，「私たちの認識がまず先にあって，認識が秩序だった世界をつくりあげている」というように，従来とは180°ことなる世界のとらえかたをしたのです。**

フィルターを通して秩序だった世界として認識

カントの考えでは，私たちは外の世界を認識するための「フィルター」を，あらかじめもっています。外の世界がほんとうはどんな姿をしているのかを，私たちは知ることができません。しかしフィルターを通して外の世界（物自体）をとらえることで，自然法則に支配された秩序だった世界として認識できると考えます。

フィルターは，人類共通のものであり，認識によって皆が同じ世界をつくっています。カントは，この世界の中でならば，「客観的な知」を積み上げることができると考えたのです。

※1：「コペルニクス的転回」とは，コペルニクスの提唱した「地動説」が「天動説」をくつがえしたことになぞらえ，物事の見方が180°変わることをあらわす言葉です。

フィルターを通した世界

カントの考えにもとづき，私たちが世界を認識しているしくみをえがきました。外の世界には「物自体」があり，私たちはあらかじめもっている共通のフィルターを通して物自体をとらえているとされます。

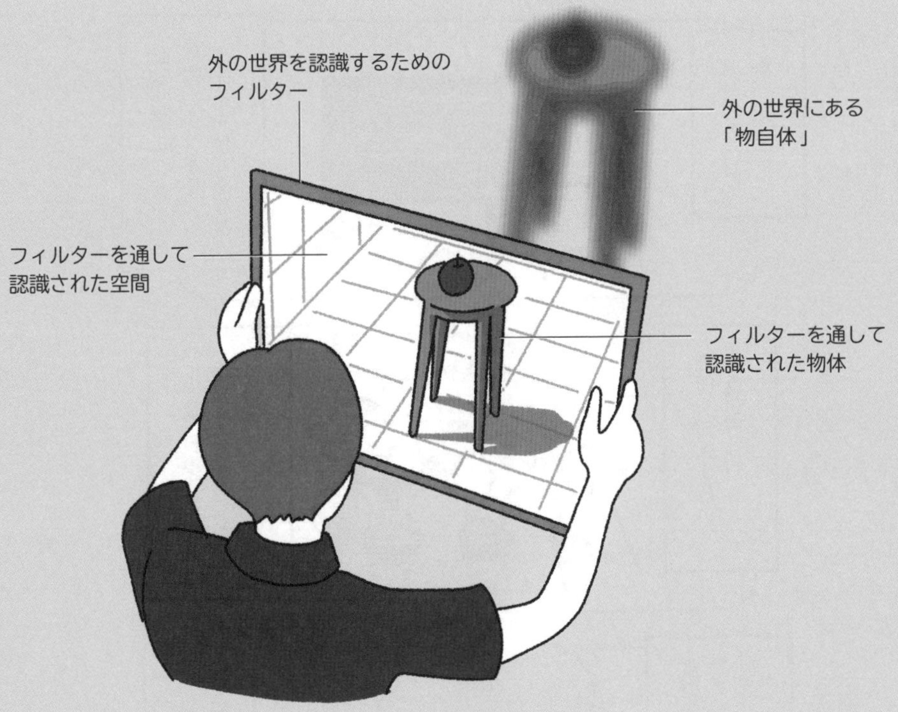

カントの考えでは，私たちはフィルターを通して，物体を認識しているのね。

社交的な哲学者カント

三つの批判書を発表し
純粋理性批判
実践理性批判
判断力批判
「コペルニクス的転回」をもたらしたカント
彼の授業は外国のようすをイキイキ伝えるなど
おもしろいと評判だった
「1人で食事することは哲学する学者にとっては不健康」とし
毎日、知人を招いて会食を行った
社交的でユーモアにあふれるカント
哲学とは……
食事の席ではむずかしい哲学の話は厳禁であった

ケーニヒスベルクの時計

3. 科学と発展した！近代の哲学

哲学と科学は，分かれたあとも，たがいに影響をおよぼしあいました。第3章では，科学と発展した，近代の哲学をみていきましょう。

— 18 ～ 19世紀：進歩思想 —

1 ヘーゲル「世界は，進歩しつづけている」

世界は，前進も後退もしないと考えられていた

科学が哲学から分離しつつあった18世紀ごろ，産業革命がおき，人々の生活は大きく変わりました。この変革の時代に活躍したのが，ドイツの哲学者のフリードリヒ・ヘーゲル（1770 ～ 1831）です。キリスト教では，神が創造した世界は，終焉の時をむかえるまで前進も後退もしないと考えられていました。**そんななかヘーゲルは，「人類は究極的な目標に向かって進歩しつづけている」ととなえたのです。**ヘーゲルの考えは「進歩思想」とよばれ，ドイツの哲学者のカール・マルクス（1818 ～ 1883）などに，継承されました。

生物は，進化してきたものだとする考え

ヘーゲルに代表される進歩思想が，「進化論」に影響をあたえていたとする説があります。進化論とは，生物は神が創造した不変のものであるという当時の常識を疑い，「生物は長い時間をかけて進化してきたものだ」とする，18世紀に生まれた考えです。進歩思想と進化論は，「過去から未来に向かって変化しつづけている」という図式が共通しており，たがいの主張に影響をあたえていただろうと考えられているのです。

注：進化論の代表者であるイギリスの生物学者のチャールズ・ダーウィン（1809 ～ 1882）は，進化を進歩（よりすぐれた方向への進行）とは考えませんでした。

進歩をつづける世界観

ヘーゲルを代表とする進歩思想のイメージを，交通手段の進歩にたとえてえがきました。人類をとりまく世界が進歩しつづけているという考えは，18世紀に生まれたものです。

世界は進歩しつづけるという考えは，
昔からあったわけではないのね。

— 19世紀：ラプラスの悪魔 —

2 ラプラス「不確実なことは，何もない」

未来をすべて見通しているはず

19世紀，フランスの数学者であるピエール・ラプラス（1749～1827）は，「もしも世界のすべてを把握している知性が存在すれば，その知性にとっては不確実なことな何もなくなり，その目は未来をすべて見通しているはずである」といった意味の主張をしました。現時点の世界のすべてを把握する知性とはつまり，この世界に存在するあらゆるものの位置や速度を把握できる，「全知全能の神」のような存在のことです。ラプラスが想定した知性は，後に「ラプラスの悪魔」とよばれるようになります。

世界は，決定論的であるという考え

ラプラスの悪魔にとっては，決定論的な物理法則を前提にすると，世界のあらゆる出来事があらかじめ決まったものとして見えます。「世界は，人間がその能力不足ゆえにすべてを把握することはできないが，本質的には決定論的である」。19世紀までは，そのような考え方が支持を集めたのです。ところが20世に入り，科学がミクロの世界へ徐々に足を踏み入れるにつれ，その考えには大きな疑問が生じることになります。

ラプラスの悪魔が見る世界

ラプラスの悪魔が見る世界のイメージを，水晶玉の中にえがきました。ラプラスの悪魔は，あらゆるものの位置や速度を把握することができます。未来におきるあらゆるできごとは，決定論として完全に見通すことができるでしょう。

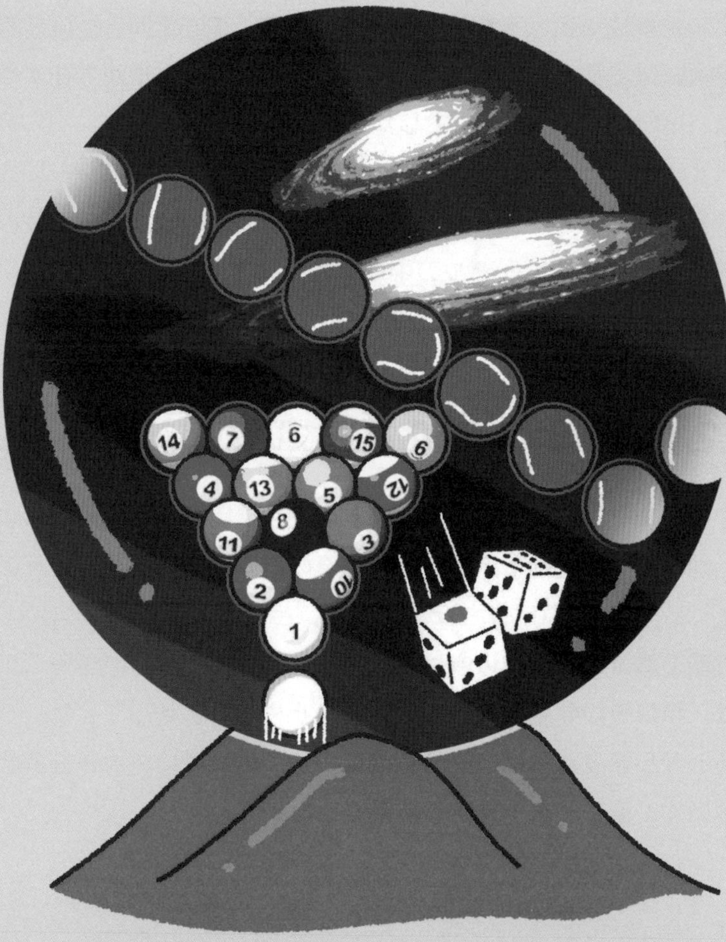

— 19世紀後半：エーテルの風 —

3 マイケルソン「エーテルの風が，とらえられない」

エーテルの風が吹いているはず

19世紀の物理学では，光は単純な波だと考えられていました。**そして光の波を伝えるのは，空間を満たす「エーテル」という未発見の物質だと考えられていました。**しかし，エーテルが存在する証拠は，見つかっていませんでした。

アメリカの物理学者のアルバート・マイケルソン（1852～1931）とエドワード・モーリー（1838～1923）は，地球はエーテルの中に存在しており，エーテルの中を高速で移動しているはずだから，地球からみればエーテルの風が吹いているはずだと考えました。

光や空間の認識に，変化が近づいていた

マイケルソンらは，右のイラストのような実験装置を用意しました。地球の動く方向と，それとは垂直の方向とに進む二つの光の速さをくらべることで，エーテルの風を，とらえようというわけです。

実験では，エーテルの風はとらえられませんでした。当時この結果は，単に奇妙な結果としてしか受け止められませんでした。しかしあとから振り返れば，光や空間についての認識に，大きな変化が近づいていることを予見する結果でした。

注：ドイツ生まれの物理学者のアルベルト・アインシュタイン（1879～1955）は，光の速度が誰から見ても一定であることなどをもとに，1905年に時間と空間の理論である「特殊相対性理論」を発表しました。

エーテルの風を確認する実験

マイケルソンとモーリーの実験のようすをえがきました。光源を出た光は，ハーフミラーで経路Ａと経路Ｂに分けられます。経路Ａを通ってきた光と，経路Ｂを通ってきた光を，光検出器で検出して，それぞれの光の到着時刻を観測しました。エーテルの風が存在すれば，到着時刻にずれが出ます。

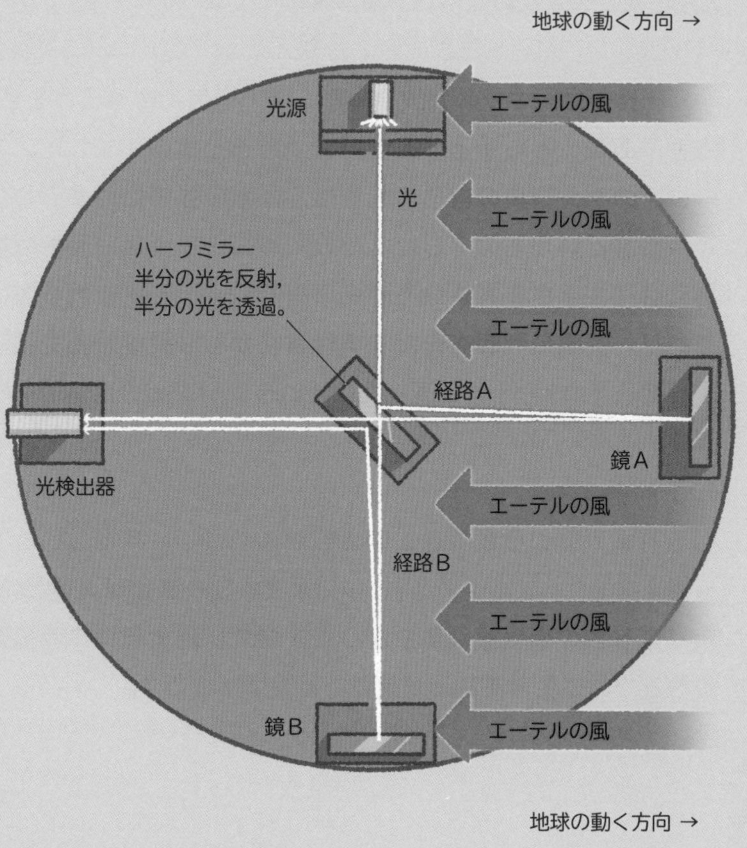

経路Ａ：光源 → ハーフミラー → 鏡Ａ → ハーフミラー → 光検出器
経路Ｂ：光源 → ハーフミラー → 鏡Ｂ → ハーフミラー → 光検出器

神は死んだ

キリスト教が広く信仰されている時代に，ドイツの哲学者のフリードリッヒ・ニーチェ（1844～1900）は，「神は死んだ」と語りました。どういう意味なのでしょうか。

ニーチェは，キリスト教の根底には，弱者であることを善，強者であることを悪とする価値観があると指摘しました。ニーチェの考える真の善悪の起源は，弱者の強者に対するねたみや怨念《おんねん》というものでした。**そのためニーチェは，善悪は社会に存在するさまざまな力関係の優劣によって生まれるものであり，善悪の判断をくだす神は最初から必要ないと主張しました。**それが，「神は死んだ」というニーチェの言葉の意味です。

それまで信じられてきた価値観がまやかしにすぎないとする考え方を，「ニヒリズム」といいます。**ニーチェは人びとに，キリスト教の価値観はまやかしにすぎず，自分自身の価値観にもとづいて生きることが重要だと説いたのです。**

フリードリッヒ・ニーチェ
（1844～1900）

— 19世紀後半：マッハの原理 —

4 マッハ「宇宙全体が回転したらバケツの水面はへこむ」

絶対空間に対して回転している

17世紀に構築された「ニュートン力学」では，物体の運動を「固定された空間（絶対空間）の中で，物体の位置が変化すること」だと考えます。しかし当時，ドイツの哲学者のゴットフリート・ライプニッツ（1646～1716）は，物体の運動を「物体どうしの相対的な位置関係が変化すること」と考え，絶対空間を否定しました。

ニュートン vs. マッハ

ニュートン力学にもとづく絶対空間の中で回転するバケツ（A）と，マッハの考えにもとづく静止したバケツの周囲を回転する宇宙（B）をえがきました。

A. 絶対空間の中で回転するバケツ

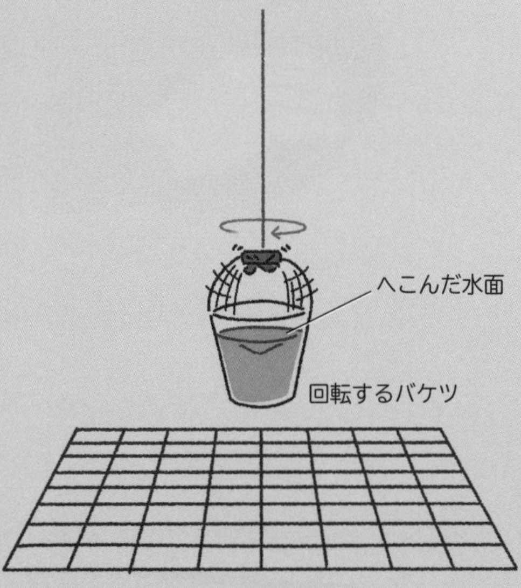

論争の中で，ニュートンは，「何もない宇宙で回転するバケツ」の思考実験を行いました。「バケツの水面がへこむのは，絶対空間に対して回転しているからだ」と主張したのです。

バケツと水以外のすべてが，相対的に回転

200年後，論争をむしかえしたのが，オーストリアの物理学者で哲学者のエルンスト・マッハ（1838～1916）でした。マッハは，「たとえバケツと水が静止していても，宇宙にあるバケツと水以外のすべてが相対的に回転していれば，その影響で水面がへこむ可能性は否定できない」と主張しました（ただし根拠はありませんでした）。この考えは，「マッハの原理」とよばれています。

B. 静止したバケツの周囲を回転する宇宙

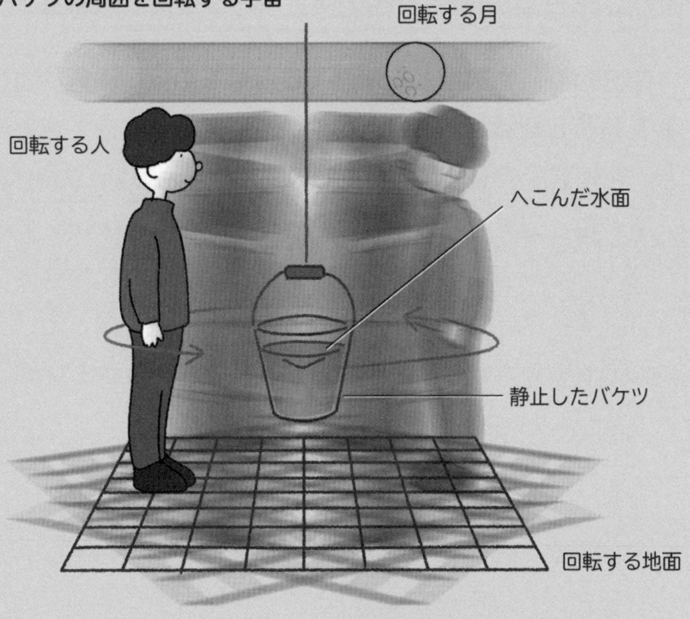

— 19世紀後半：中立一元論 —

5 マッハ「人間が知覚しないところでも，存在している」

非物質論と実在論の中間のような立場

マッハは，哲学的な議論だけではなく，物理学と心理学の両方で研究を行っていました。とくに心理学では，錯視の研究などの知覚にまつわる研究を行っていました。**物理学と心理学にまたがるマッハの研究は，マッハ独自の存在論である，「中立一元論」にそったものでした。**中立一元論とは，バークリの非物質論と実在論の中間のような立場で，われわれが知覚する対象が知覚されないところでも，世界を形づくっているという考え方です。

実験と哲学的な考察の両方から研究可能に

マッハは，物理学と心理学でことなるのは，研究の方向性だと考えていました。たとえば色について研究する場合，色と光源の関係や，色と温度の関係，色と空間の関係は，物理学の対象になります。一方，色と錯覚などの研究は，心理学の対象となります。

マッハの研究は，「実験心理学」の確立につながりました。たとえば，見ることはどういうことかという問題に対して，実験と哲学的な考察の両方から，研究することができるようになったのです。

物理学と心理学のちがい

マッハが考える，物理学と心理学のちがいをえがきました。たとえば色について研究する場合，色と光源の関係は物理学の対象になります。一方，色からの連想は，心理学の対象になります。

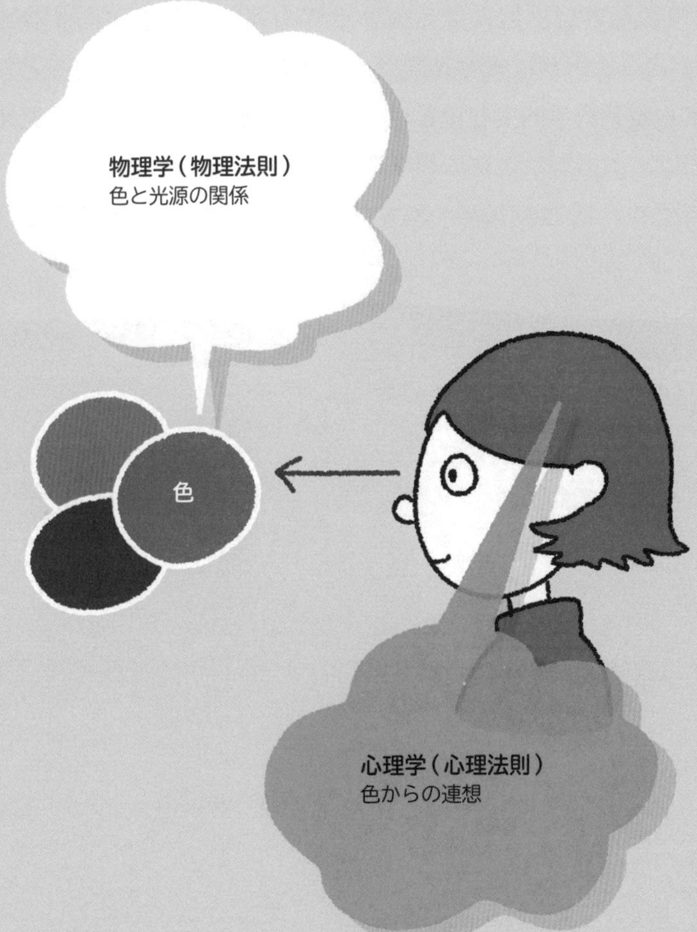

— 19世紀後半：科学的実在論 —

6 ボルツマン「目に見えないものも，存在している」

おおむね科学理論どおりに存在している

「科学の目的は，目に見えない世界の構造を明らかにすることだ」。こうした科学への考え方は，現代の「科学的実在論」へとつながりました。科学的実在論とは，「電子や光子といった目に見えないものは，おおむね現在の科学理論どおりに存在している」という考え方です。19世紀後半，科学的実在論の代表的な研究者だった

気体の分子の運動

空気中の分子の運動をえがきました。物質の温度は，分子の運動がはげしいほど高くなります。イラストの空気の温度は，いちばん左が最も低く，右にいくほど高くなります。

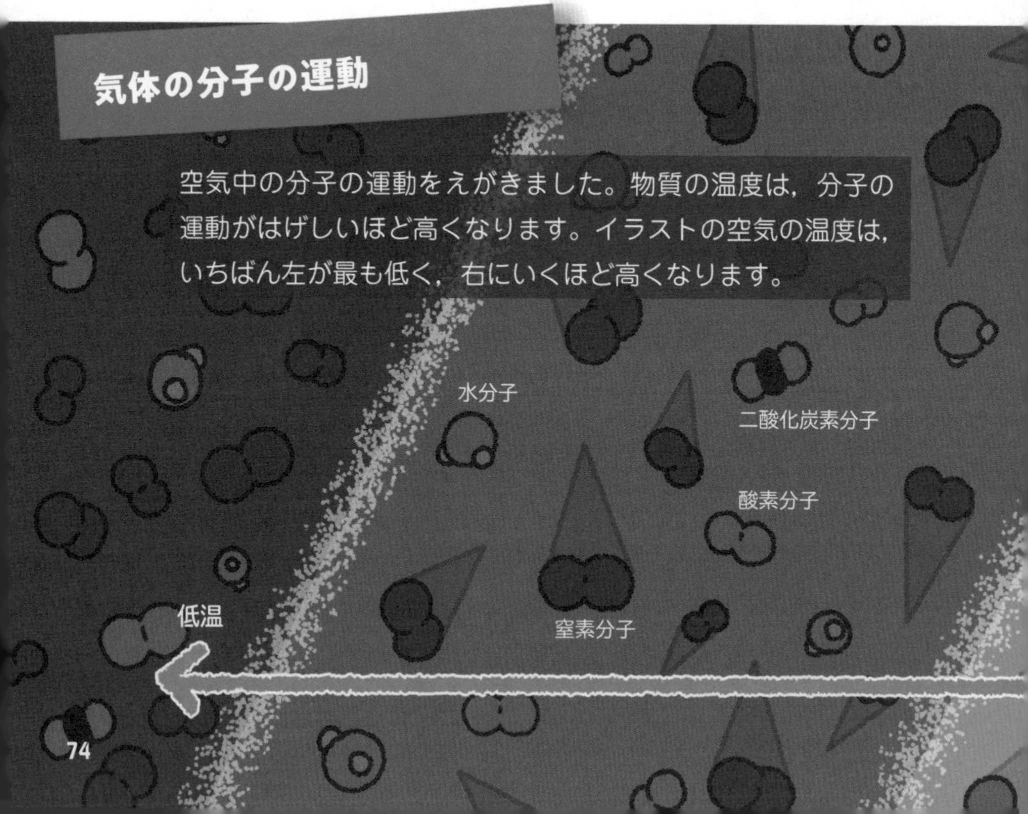

のが，オーストリアの物理学者で哲学者のルードヴィヒ・ボルツマン（1844～1906）です。

熱現象を，分子の運動で説明した

ボルツマンは，グラーツ大学やウィーン大学で研究を行い，熱現象を分子の運動で説明するモデルを発展させて，統計力学の基礎をつくりあげました。また，熱力学における物質の状態を，分子のばらばら加減をあらわす「エントロピー」という量で説明しました。

当時は，物質が極小の原子でできているという「原子論」は，単なる仮説とされていました。ボルツマンは，原子論の正しさを主張したために，反対するマッハの支持者からきびしく批判されました。

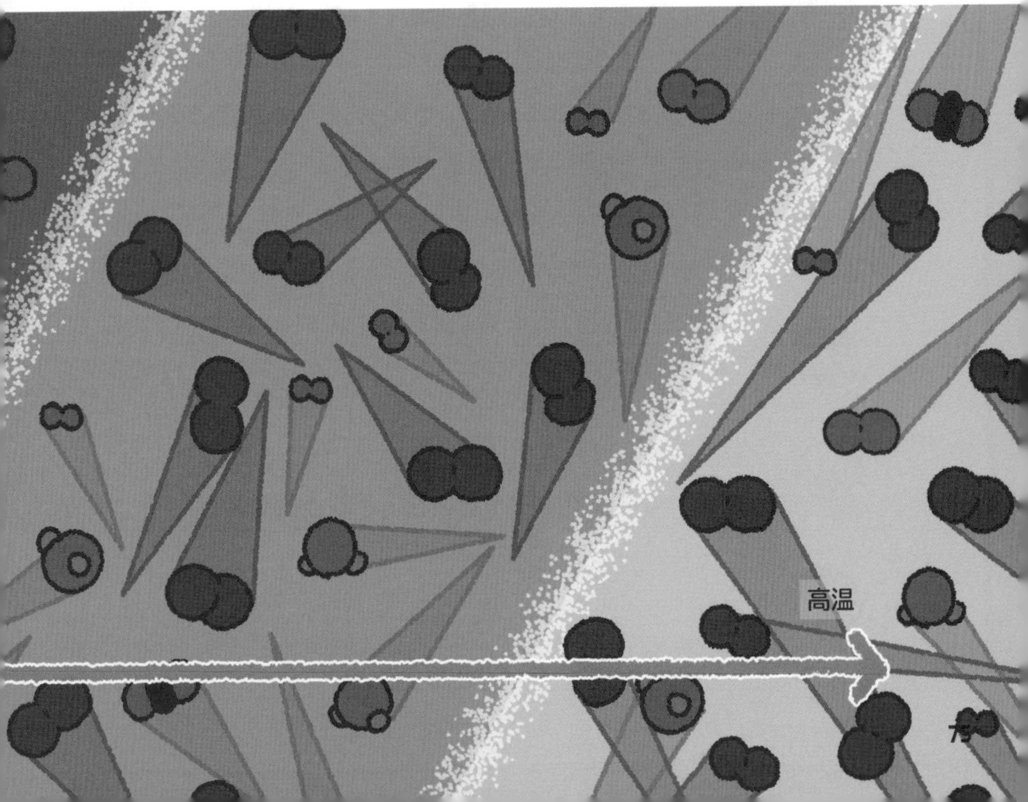

博士！
教えて!!

考える人って何？

博士，考える人って何ですか？

彫刻の考える人のことかの。考える人は，フランスの彫刻家のオーギュスト・ロダン（1840 ～ 1917）がつくった銅像じゃ。青年が，ひじをついた右手にあごを当てて，じっと考えているようすをあらわしておる。

へぇ～。考える人は，何を考えているんですか？

いろいろな説がある。というのも，実は考える人は，もともとは「地獄の門」とよばれる作品の一部分なんじゃ。地獄の門は，地獄の入口にあるとされる門で，その門の上にいるのが考える人じゃ。

地獄……!!

うむ。運命を考えているという説や，地獄に向かう人々を見ているだけで，考えていないという説もある。

へぇ。

— 19世紀後半：無意識 —

7 フロイト「人の行動は，無意識に支配されている」

自身の行動の動機を，うまく説明できない

私たちは，「自分の行動はすべて意識的に決めている」と思っています。しかし自身の行動の動機を，うまく説明できない場合もたくさんあるはずです。この理由を，「無意識」によって説明したのが，心理学者のジークムント・フロイト（1856～1939）でした。**フロイトは，「人の行動は無意識に支配されている」ととなえ，当時の哲学に大きな衝撃をあたえました。**

意識は，信用できないものになってしまった

実はそれまでの哲学では，意識（心）は理性によって制御されている，絶対的に確かな存在だとみなされていました。**しかしフロイトの提唱によって，意識は，自分では認識できない無意識に突き動かされる，信用できないものになってしまいました。**心や意識について考える際の，哲学の暗黙の前提が見直され，「意識とはいったい何なのか」という問いがあらためて注目されることになりました。

フロイトの研究は，科学とみなせるのかどうかが論争の的となりました。しかし，目に見えない心のしくみを解き明かそうとしたという意味で，フロイトは近年の認知科学の先駆者ともいえます。

無意識の選択

ある男性が，白と黒のイスから，黒のイスを無意識的に選ぶようすをえがきました。フロイトは，私たちの心の大部分は，無意識に支配されていると考えました。

— 19～20世紀：ラッセルのパラドックス —

8 数学を論理的な真理にもどすことはできなかった

記号論理学を発展させた「フレーゲの論理説」

19世紀から20世紀はじめに数学が発展をとげるなかで，「数学的真理」が何にもとづいているのかが，あらためて問題になりました。**数学的真理についてのさまざまな研究のなかに，ドイツの論理学者のゴットローブ・フレーゲ（1848～1925）が提唱した，「フレーゲの論理説」があります。**フレーゲの論理説は，記号論理学を発展させたもので，数学を論理的な真理にもどすというものでした。ところが，フレーゲの集合の概念には，矛盾がありました。

「公理的集合論」にもとづくことに

イギリスの論理学者のバートランド・ラッセル（1872～1970）は，フレーゲの集合の概念の矛盾をつきました。これを，「ラッセルのパラドックス」といいます。そしてラッセルのパラドックスを回避するために考えられたのが，「公理的集合論」です。こうして数学的真理は，公理的集合論にもとづくことになりました。

公理的集合論の「公理」とは，論理的な真理を示していません。つまりこれは，フレーゲのねらいだった「数学を論理的な真理にもどす」ということが，できなかったことを意味するのです。

床屋のパラドックス

ラッセルのパラドックスの例である，床屋のパラドックスをえがきました。床屋は，自分でヒゲをそらない町人のヒゲをそり（ルールA），自分でヒゲをそる町人のヒゲはそりません（ルールB）。床屋が自分でヒゲをそろうとすると，ルールBにより，それなくなります。逆に床屋が自分でヒゲをそらないとすると，ルールAにより，そらなくてはいけなくなります。

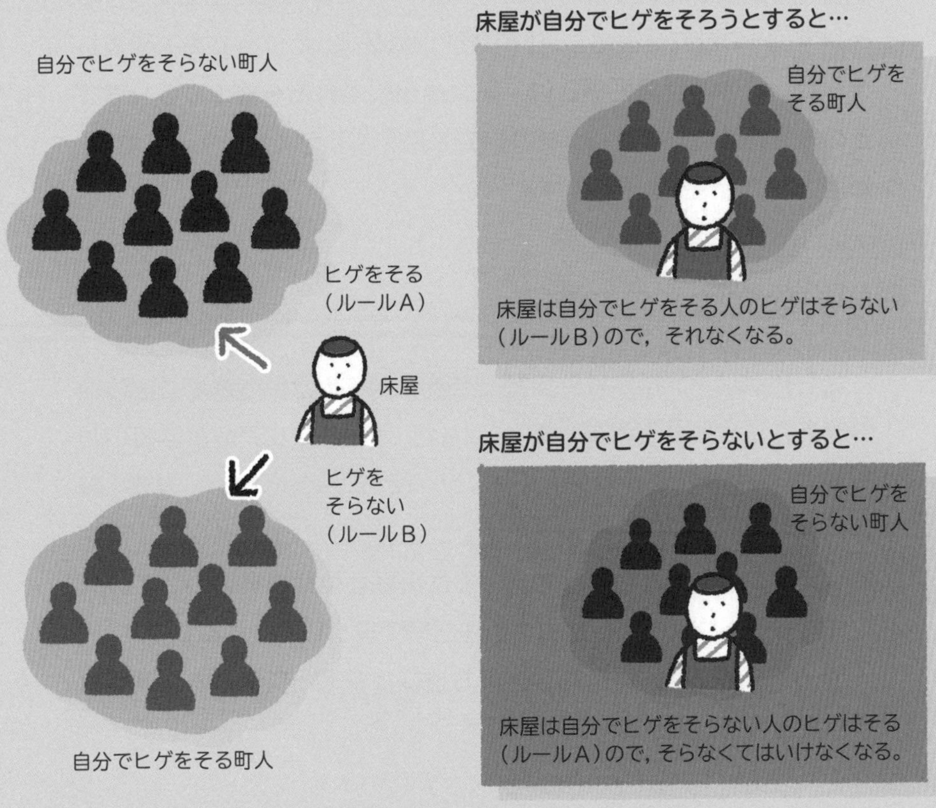

— 20世紀：論理実証主義 —

9 論理的な分析方法で，科学を再構築！

真偽を確かめられることのみ科学の対象に

20世紀初頭，ウィーン大学を活動の中心とする科学者や哲学者のグループが，科学について哲学の観点から考える「科学哲学」という分野を発展させました。グループは，1929年の国際会議で「ウィーン学団」の設立を宣言し，「科学的世界把握」という文書を発表しました。科学的世界把握とは，実験や観察で真偽を確かめられることのみを科学の対象とし，それ以外を否定する考え方です。これは，形而上学の否定を意味します。

科学的な文は，二つある

さらにウィーン学団は，実証できる事がらの分析方法に，論理的な分析方法を取り入れました。これは，オーストリアの哲学者のルードヴィッヒ・ウィトゲンシュタイン（1889～1951）が，著書『論理哲学論考』で示した考え方です。ウィトゲンシュタインは，科学的な文は二つあるとしました。一つは実証可能な事実についてのべた文，もう一つはそうした文を論理記号で結合してつくる文です。

ウィーン学団は，論理的な分析方法によって，科学の方法論をもう一度再構築しようと考えたのです。

注：当時の現実の科学では，「原子」や「電子」などの，直接検証できない仮説が科学を前進させる原動力となっていきました。

二つの科学的な文

ウィトゲンシュタインの考えた，二つの科学的な文をえがきました。イラストの原子文が，「実証可能な事実についてのべた文」で，A～Fの記号であらわしています。イラストの複合文が，「論理記号で結合してつくる文」です。「または」「ではない」「かつ」「ならば」が，論理記号にあたります。

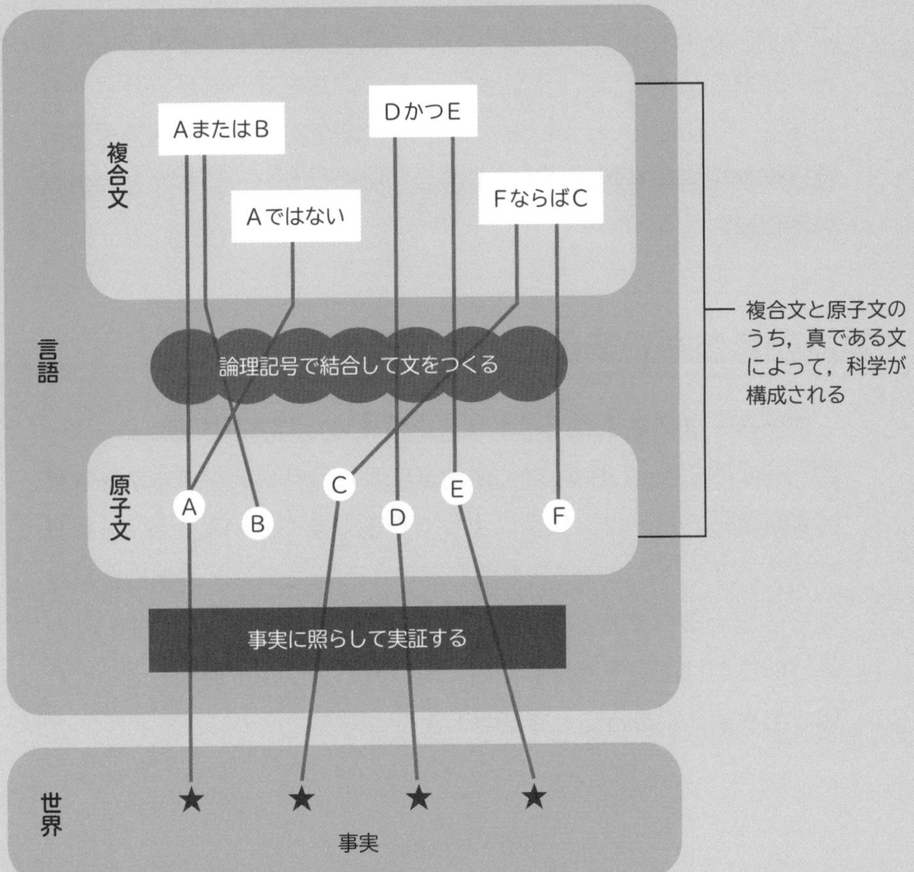

— 20世紀：反証可能性 —

10 ポパー「仮説を反証可能であることこそが，科学」

「帰納法」の正当性は「帰納法」がたより

「科学的である」とはいったいどういう意味でしょうか。

「すべてのガチョウは白い」という仮説を検証する場合，通常はガチョウの色を１羽ずつ調べていくことでしょう。このように，個別の観察を積み重ねて仮説を検証したり，法則をみちびいたりする方法を，「帰納法」とよびます。**しかしヒュームは，帰納法の正当性は帰納法自体をたよりにしており，循環になっていることを指摘しました。**

仮説のまちがいを示そうとする

オーストリア生まれでイギリスに移住した科学哲学者のカール・ポパー（1902～1994）は，帰納法にたよらない科学の方法を考察しました。ポパーは，反例によって仮説がまちがいだと示す（反証する）プロセスには帰納法を使わないことに気づき，科学者は反証をこそ試みるべきだと考えました。「すべてのガチョウは白い」が正しいことは証明できなくても，黒いガチョウが１羽でもみつかれば，まちがいであることを証明できるのです。

黒いガチョウをさがす

「すべてのガチョウは白い」という仮説があるとします。仮説の正しさを証明することはできないものの，黒いガチョウが1羽でもみつかれば，仮説がまちがいであることを証明できます。

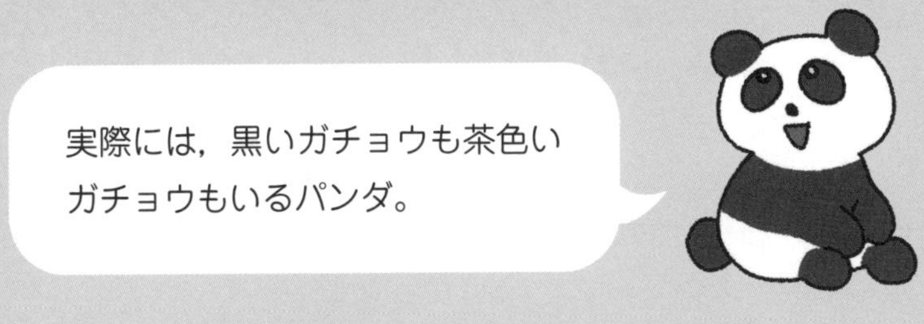

— 20世紀：ヘンペルのカラス —

11 ヘンペル「カラスを調べないで，カラスがわかるのか」

「仮説演繹法」の根本的な問題

仮説は，どのようなときに，証拠によって支持されるのでしょうか。ドイツ生まれの科学哲学者であるカール・ヘンペル（1905～1997）は，「ヘンペルのカラス」を例にあげて，「仮説演繹法」が抱える根本的な問題を提起しました。仮説演繹法とは，仮説から予測を論理的にみちびきだし，その予測が正しいことを確認することで，仮説の確からしさを高めるという方法です。仮説と予測が対偶の関係にあるものが，ヘンペルのカラスです（右のイラスト）。

この世界は，黒くないものが非常に多い

ヘンペルのカラスに，奇妙な結論が出てしまう理由については，いろいろな考え方があります。

たとえば，「すべてのカラスは白い」などの対抗仮説も同じ証拠で確かめられてしまうので，部屋の中のものはほかの対抗仮説と比較したときに有利な証拠にはなっていない，という考え方があります。

一方，この世界に黒くないものが非常に多いから奇妙に感じるのであって，黒くないものが比較的少ない世界を想像すると，それほど奇妙な結論には感じないはずだ，という考え方もあります。

ヘンペルのカラス

「すべてのカラスは黒い」という仮説は，「すべての黒くないものはカラスでない」という予測と同じです。仮説の確からしさは，黒くないカラス以外のものを，発見すればするほど上昇します。つまり，部屋の中にあるものを次々に見るだけで，すべてのカラスが黒いという仮説が確かめられてしまうことになります。

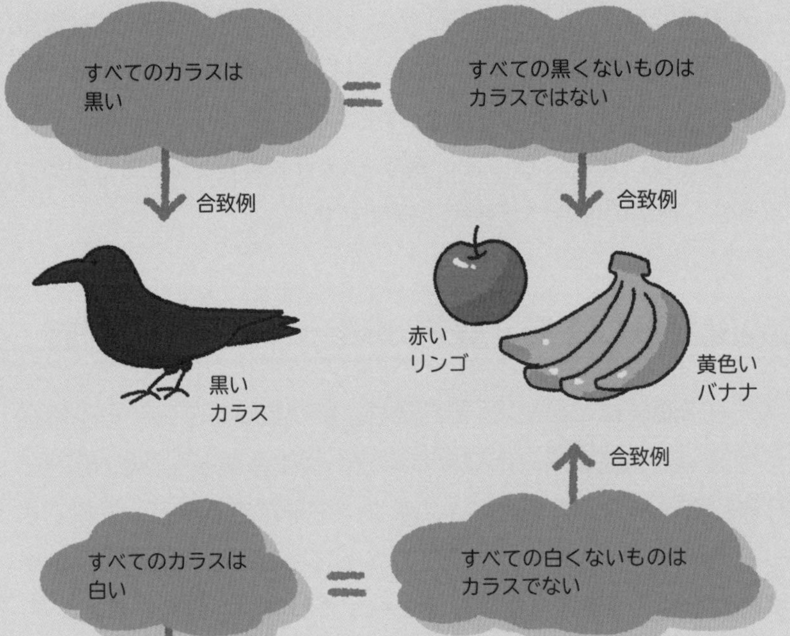

「すべての黒くないものはカラスでない」の合致例には，黄色いバナナや赤いリンゴがあります。黄色いバナナや赤いリンゴを発見すればするほど,「すべてのカラスは黒い」という仮説の確からしさは高くなります。同様に，黄色いバナナや赤いリンゴを発見すればするほど，「すべてのカラスは白い」という仮説の確からしさも高くなります。

— 20世紀：ベイズ主義 —

12 どれが正しい仮説？　実験や観察データから考える

確信の度合いをあつかう

ベイズの定理は，不確実な情報から結論を導くために使われます。この際の立場の一つに，「ベイズ主義」とよばれるものがあります。ベイズ主義では，「主観的確率」という，いろいろな仮説に対する確信の度合いをあつかいます。たとえば，「この雲からして雨が降るはずだということに対する自分の確信は40％だ」とか，「このやり方でうまくいくということに対する自分の確信は80％だ」というような，確信の度合いが主観的確率です。

仮説の確からしさを，証拠が得られた前後で判断

ベイズ主義では，最初に「事前確率」を設定します。そして新しい観察結果や実験結果が出るたびに，結果を考慮した「事後確率」を計算し直します。事後確率は，新しい結果が出るほど，信頼できるものになっていきます。そのためベイズ主義では，最初に設定する事前確率は，不確実な主観確率でもかまわないと考えます。

仮説の確からしさを，新しい観察結果や実験結果が出るたびに計算し直し，真実をみつける手がかりとするのが，ベイズ主義の考え方なのです。

ベイズ主義の考え方

「サトシが殺人を犯した」という仮説を例に，ベイズ主義の考え方を示しました。仮説の確からしさは，新しい証拠が出るたびに変化します。

仮説 「サトシが殺人を犯した」

事前確率
最初に設定する
確からしさ

証拠1
「凶器に指紋が
ついている」

↓
仮説の確からしさが
アップ

証拠2
「サトシは死亡推定時刻に
別の場所で目撃された」

↓
仮説の確からしさが
ダウン

事後確率
証拠を考慮した
確からしさ

— 20世紀：パラダイム・シフト —

13 クーン「革命的な理論が，科学に大転換をもたらす」

科学の歴史は，連続的な進歩と考えられていた

「世界は進歩しつづけている」という考えは，20世紀初頭には，科学の世界にも浸透していました。次々と新たな理論が提唱された20世紀には，科学の歴史とは「連続的な進歩」だと広く考えられていたのです。この考え方に対して，アメリカの科学史家で哲学者のトーマス・クーン（1922～1996）は，異をとなえました。**クーンは，「たびたび生まれる革命的な理論が，科学に大きな転換をもたらしてきた」と主張したのです。**

断続的な転換であると考えた

クーンのいう大きな転換とは，たとえば天動説から地動説への転換や，ニュートン力学から相対性理論への転換などです。**クーンは，科学の歴史を「連続的な進歩」ではなく，「断続的な転換」であると考えました。そしてこの転換のことを，「パラダイム・シフト」とよびました。**クーンがいうパラダイムとは，「科学者に問題解決の手段をあたえる理論や，その理論が生まれる背景にあった問題，そして問題の解き方を示す例題など」のことを意味しました。

パラダイム・シフトの概念

クーンがとなえたパラダイム・シフトの概念を，ニュートン力学のルールにしたがって解くジグソーパズルとしてえがきました。それまでのルールでパズルが解けなくなったとき，新たなルール（新理論）が生まれ，パラダイム・シフトがおきます。

繊細なウィトゲンシュタイン家
１８８９年、ウィーンに生まれたウィトゲンシュタイン
父は成功をおさめた実業家で兄が４人姉が３人いた
兄弟はみな、繊細な芸術家・学者タイプだった
それぞれ才能があったが兄３人は若くして自殺してしまう
ラッセルの元で哲学を学びはじめたウィトゲンシュタインも
兄たちと同様に自殺が頭をよぎることがあった
第一次世界大戦がはじまると兵役に志願
受勲
昇進
最前線の戦いで数々の戦果をあげた

哲学界を去り，また哲学界へ

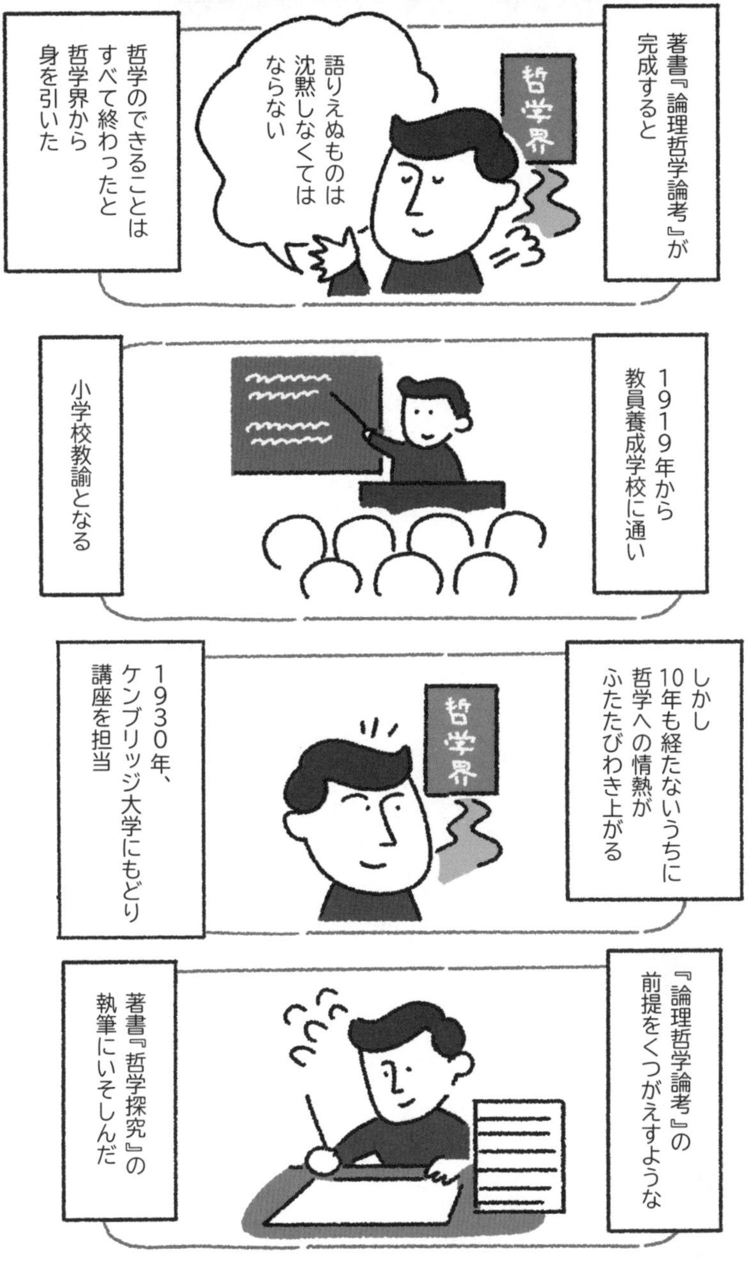

4. 科学と歩む！ 現代の哲学

科学の分野ごとのテーマをあつかう哲学を，「個別科学の哲学」といいます。科学者でもあり哲学者でもある研究者が，自分の専門領域の個別科学の哲学を発展させました。第4章では，科学と歩む，現代の哲学をみていきましょう。

— 個別科学の哲学 —

1 研究者が，自分の専門分野の哲学を発展させた

科学の各分野の個別性を重視する

科学哲学は，大きく二つに分けることができます。「一般科学哲学」と「個別科学の哲学」です。一般科学哲学は，科学をある程度統一性のあるものとみなして，科学全体にあてはまるような問題を取りあげます。一方，個別科学の哲学は，科学の各分野の個別性を重視して，分野ごとのテーマをあつかいます。たとえば，ウィーン学団のシュリックは物理学者でもあり，時空に関する物理学の哲学の著書も出版しています。**このように，科学者でもあり哲学者でもある研究者が，自分の専門領域の個別科学の哲学を発展させました。**

種をどう定義するべきか

科学の各分野の研究成果には，哲学的な興味深い内容が含まれていることが少なくありません。たとえば，量子力学の分野では，奇妙なふるまいを説明するさまざまな解釈が提案され，活発に議論されています。生物学の分野では，「生物の分類はどうあるべきか」が議論されています。なかでも，「種をどう定義するべきか」について議論が進んでいます。また，「人類はいかにして進化してきたのか」という議論も，哲学者が多く参入しているテーマです。

個別科学の哲学

個別科学の哲学は，科学の各分野の個別性を重視して，分野ごとのテーマをあつかいます。たとえば，生物学の中にある哲学的なテーマは，個別科学の哲学です。

— 時間の哲学 —

2 時間の流れは，移動するスポットライト説

過去・現在・未来が存在する巨大なブロック

アインシュタインの特殊相対性理論では，何が過去で何が未来かは，観測する立場によってことなります。ある人にとってAがBより先なのに，別の人にとってはBがAより先ということがおきます。**そのため，時間の流れは幻想で，宇宙は過去・現在・未来が区別なくいっしょに存在する巨大なブロックだという，「ブロック宇宙」の**

動くスポットライト説

動くスポットライト説のイメージをえがきました。過去・現在・未来が同等に存在するなか，現在にだけスポットライトが当たり，スポットライトが動くように現在が移動します。こうして時間の流れが生まれていると考えます。

考え方がみちびきだされました。

現在は，動くスポットライトのようなもの

しかしそうはいっても，時間は流れているようにみえますし，物理的に時間の流れが計測されてもいます。そこで哲学者たちは，時間の流れをゆるすような，さまざまなモデルを考えてきました。

「現在主義」は，現在だけが存在し，過去も未来も存在しないという考え方です。しかし相対性理論では，人によって何が現在かがことなります。ブロック宇宙を基礎にしながら，その上で動くスポットライトのようなものとして現在をとらえる，「動くスポットライト説」という考えもあります。

注：ただし，スポットライトが動くためには，ブロックの外に別の時間の流れを想定する必要があります。

— エントロピー増大の法則 —

3 世界は，ばらばらになるように変化する

まざった紅茶とミルクは，元にもどらない

私たちはなぜ，「時間は過去から未来へと一方向に流れるものだ」と感じているのでしょうか。私たちがそう感じるのは，そのように感じさせる現象に囲まれているからかもしれません。たとえば，紅茶にミルクを入れて時間をおくと，ミルクは自然と拡散していきます。一度まざった紅茶とミルクが，自然と元の状態にもどることはけっしてありません。

日常的に，不可逆な現象ばかり見ている

紅茶にミルクを入れると，ミルクの粒子が1か所に集まった状態から，紅茶全体へとばらばらに広がっていきます。このばらばら加減のことを，「エントロピー」といいます。あらゆる現象は，つねにエントロピーがふえるように変化します。これを，「エントロピー増大の法則」といいます。

時間の哲学には，エントロピー増大の法則が時間の向きを生んでいるのだという考え方があります。私たちは日常的に，エントロピーが増大する不可逆な現象ばかりを見ています。このため，時間が過去から未来へと一方向に流れていると感じるとされているのです。

エントロピー増大の法則

紅茶に入れたミルクが拡散していくようすと，同じ目にそろっていた多数のサイコロの目がばらばらになっていくようすをえがきました。多数の粒子やサイコロがばらばらになっていく変化がおきると，時間の向きがわかります。過去から未来への時間の一方向性を，「時間の矢」といいます。

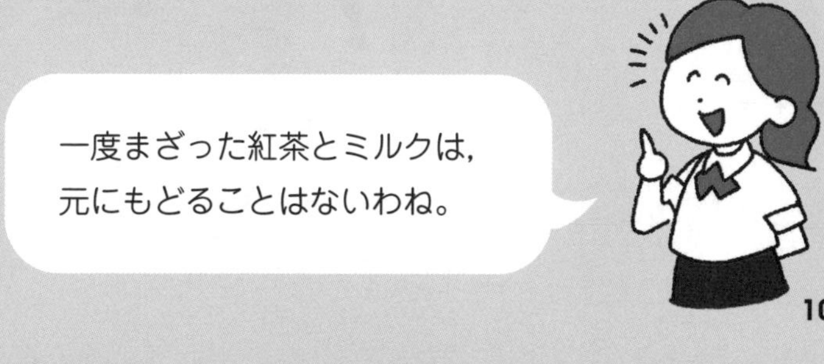

— 量子論の哲学 —

4 ネコの生死は，いつ確定するのか

放射性物質は，二つの状態が重ね合わさった状態

「シュレーディンガーのネコ」とよばれる有名な思考実験があります。 放射性物質が崩壊をおこして放射線を出すと，それに反応して毒ガスが放出される箱があり，箱の中にはネコがいます。ミクロな世界の現象を説明する量子力学によれば，放射性物質の崩壊がいつおきるかは純粋に確率の問題です。そして，量子力学の標準的な

ウィグナーの友人

シュレーディンガーのネコを拡張させた，「ウィグナーの友人」とよばれる量子論の思考実験のイメージをえがきました。友人にネコの生死の確認を頼んだ場合，友人と自分で，ネコの生死が確定する瞬間はずれてしまいます。

A. ネコの生死を電話で報告しようとする友人

解釈によると，観測されるまで，放射性物質は崩壊していない状態と崩壊した状態が重ね合わさった状態にあります。

ネコは，生死が重ね合わさった状態

もし観測が人間によるものでなくてはならないのなら，重ね合わせ状態はネコにも伝わります。人間が箱をのぞくまで，ネコは「生きている状態と死んでいる状態が重ね合わさった」状態にあります。思考実験を提案したオーストリアの物理学者のエルヴィン・シュレーディンガー（1887～1961）は，ネコの生死が確定していないなどという奇妙な結論をみちびいてしまう量子論の解釈の問題点を指摘しました。この問題は，哲学の問題としても議論がされています。

B. 友人からの報告を待つ自分

自分
（ネコの生死は未確定）

注：友人にネコの生死の確認をたのんだ場合，自分からすると，友人も「生きていることを確認した友人」と「死んでいることを確認した友人」が重ね合わさった状態にあることになります。

— 多世界解釈 —

5 枝分かれした世界が，同時並行で存在するかも

量子論をどう解釈すべきかという問題

シュレーディンガーのネコの思考実験は，量子論において，状態を確定させる「観測」とは何を指すのか，という問題をきわだたせました。このような，量子論をどう解釈すべきかという問題は，「解釈問題」とよばれています。

量子論の奇妙さを解決するために，「観測した瞬間に状態が確定するのではなく，観測者も含めた世界が枝分かれする」と考える不思議な解釈も提案されています。それが，「多世界解釈」です。

あなたも，複数の世界に分かれて存在することに

多世界解釈では，枝分かれしたあとの世界は，消滅することなく存続すると考えます。つまり，宇宙誕生から138億年の間に枝分かれした無数の世界が，今も同時並行で存在していることになります。

世界が枝分かれする際には，世界のあらゆるものがいっしょに枝分かれします。そのためあなた自身も，複数の世界に分かれして存在することになります。今あなたは本を読んでいますけれど，別の世界（並行世界）のあなたは，散歩をしているかもしれないのです。

多世界解釈

多世界解釈による，枝分かれした世界のイメージをえがきました。それぞれの枝が，ことなる並行世界をあらわしています。私たちが暮らす世界（宇宙）とは別の並行世界（宇宙）は，たとえば銀河の数が少ないなど，まったくことなる姿をしている可能性があります。

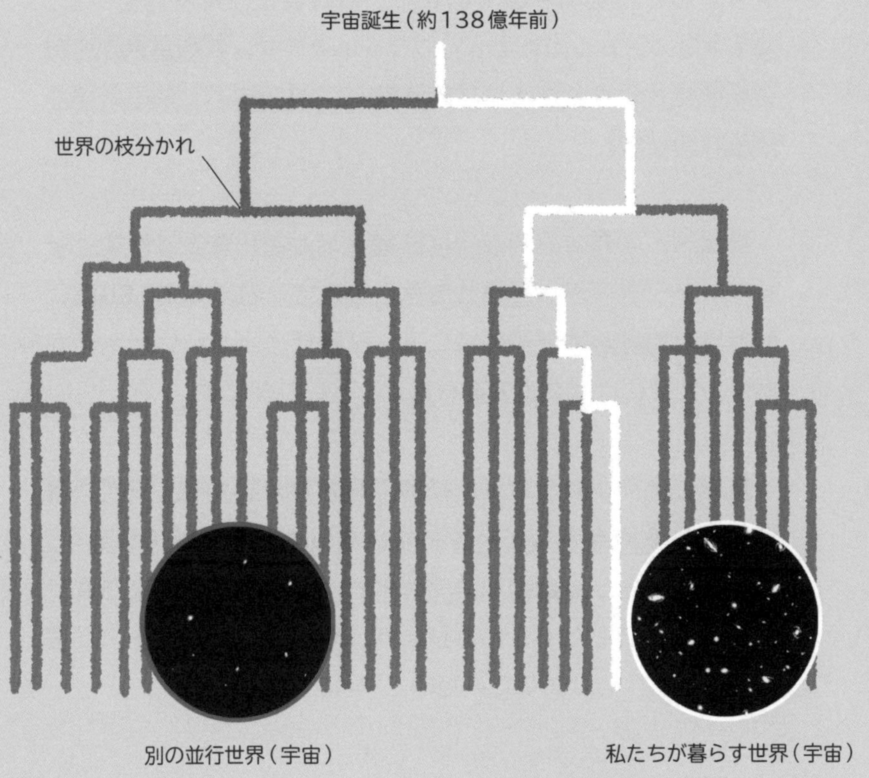

京都にある哲学の道

京都大学の哲学者の西田幾太郎《にしだきたろう》（1870 ～ 1945）には，さまざまに考えをめぐらせながら歩く，お気に入りの散歩道がありました。銀閣寺のそばから，熊野若王子神社付近へと，約2キロメートルにわたってつづく小道です。**この道は，西田の弟子たちにも愛されたことから，のちに「哲学の道」と名づけられました。**

春は桜，初夏は新緑，秋は紅葉，冬は雪化粧と，季節によってさまざまな表情を見せる哲学の道は，日本の道100選にも選ばれています。道の脇には，琵琶湖の水を引いた水路があり，初夏にはホタルの姿を見ることもできます。

哲学の道のまわりには，紅葉で有名な永観堂や，三門や水路閣がある南禅寺など，有名な神社仏閣が集中しています。また，めずらしい建物やカフェなど，散歩の途中に立ち寄りたくなるお店もたくさんあります。新型コロナウイルスが落ち着いたら，ぜひ訪ねてみたいですね。

— 動物倫理 —

6 動物にも，人間と同じ権利を認める考え方

動物実験では，動物の福祉に最大限配慮

「倫理学」とは，物事の善悪について筋道をたてて考える学問で，一部は哲学に含まれます。

動物倫理の論争では，大きく三つの立場があります。第一は「単純に現在の動物利用のあり方を肯定する立場」，第二は「動物を利用すること自体は否定しないものの，動物の福祉を最大限配慮する方向へ改革を求める立場」，第三は「動物にも人間と同種の権利を認め，その権利を侵害するような動物の利用を否定する立場」です。たとえば動物実験の現場では，動物の福祉に何らかの形で最大限配慮するということは，もはや常識になりつつあります。

ヒトでないことは，理由にならない

動物の権利については，さまざまな議論がなされています。**現在では，「女性」「有色人種」「障害者」であることが人権を認めない理由にならないように，ヒトという種に属さないことが動物の権利を認めない理由にはならないという考え方があります。**この考え方は，完全菜食主義者（ヴィーガン）をはじめとして，多くの人たちの支持を集め，近年，注目されています。

（出典：『動物からの倫理学入門』，著／伊勢田哲治，名古屋大学出版会，2008年発行）

動物の権利

動物の権利のイメージとして，イヌの研究者をえがきました。イヌは，ヒトとは別の種の動物です。しかしそのことが，イヌの権利を認めない理由にはならないという考え方があります。

— 生命倫理 —

7 人の遺伝子は，改変してもいいのか

倫理的な問題が指摘されている

21世紀に入ると，ねらった遺伝子を改変する「ゲノム編集」技術が開発されました。ゲノム編集は，ヒトの遺伝子疾患の治療や予防に応用できる，と期待する人もいます。**しかし，現状では，ヒトの受精卵の遺伝子を改変することは，各国の法律や指針により，禁止されたり制限されたりしています。**なぜなら，技術的な精度の問題にくわえて，倫理的な問題が指摘されているためです。

「優生学」の復活が危惧されている

20世紀，ナチス・ドイツでは，遺伝的に劣等とされた人々が強制的に隔離され，断種されるなどの政策がとられました。この悪夢のような政策の裏には，優秀とされる遺伝子を保存することで人類の進歩をうながそうとする「優生学」という考えがありました。

ヒトの受精卵にゲノム編集を行えば，「親の望む性質をもつ子供(デザイナーベビー)」を選択的に生みだすことが原理的には可能です。**そのような行為は，悪夢をおこした優生学の復活に相当するのではないかと，危惧されているのです。**

ゲノム編集

ゲノム編集のイメージをえがきました。ヒトの遺伝子は,「DNA（デオキシリボ核酸）」という鎖状の分子でできています。ゲノム編集では，DNAのねらった領域をこわしたり，そこにことなるDNAを挿入したりします。

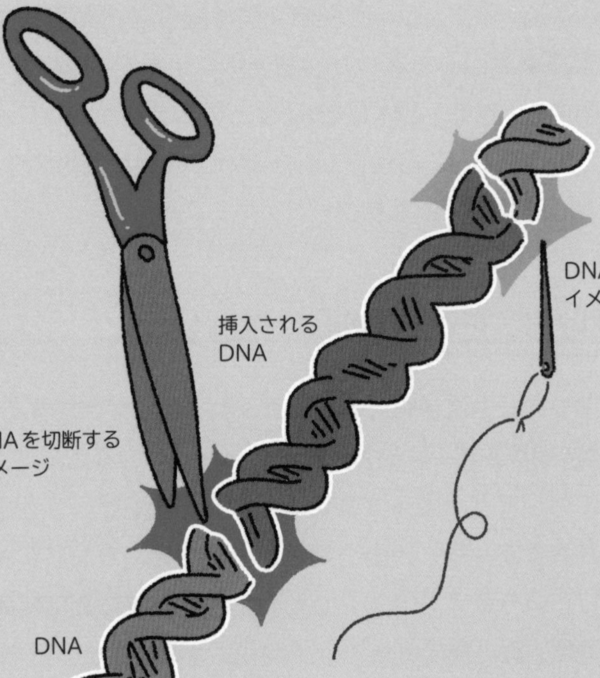

ゲノム編集は，農作物の品種改良や
医学への応用が研究されているパンダ。

— 心の哲学① —

8 人間とコンピューターは，同じなのか

心と体は，どのようなかかわりをもつのか

近年，人工知能や脳科学などの心にかかわる科学の発展が目覚ましく，「心とは何か」という問題に関する哲学的な思考の必要性が高まっています。 心をあつかう哲学のことを「心の哲学」といいます。人間の心（意識）と体（物体）がどのようなかかわりをもっているのかという問題は，古代ギリシャ時代から長い間考えられてきた，哲学の中心問題の一つです。

脳の機能だけでは，説明できない

脳科学や神経生理学などの心にかかわる科学が発展するにつれて，機能主義（関数主義）なども生まれました。この考え方では，心はある刺激に対してどう反応するのかという，「入力」と「出力」の関係で定義されます。同じ入出力関係をもつなら，コンピューターも人間も同じという考え方です。**しかし，自分が感じる主観的なイメージの世界は，脳の機能だけでは説明ができないこともわかりました。** 現在，心の哲学は，脳科学などの心をあつかう科学とバランスをとりながら，発展しています。

機能主義の心の定義

人間の心の入出力（A）と，コンピューターの入出力（B）のイメージをえがきました。機能主義では，人間の心もコンピューターと同じ入出力関係をもつと考えます。人間の心は，ベルの音を入力されると，ドキドキと出力します。

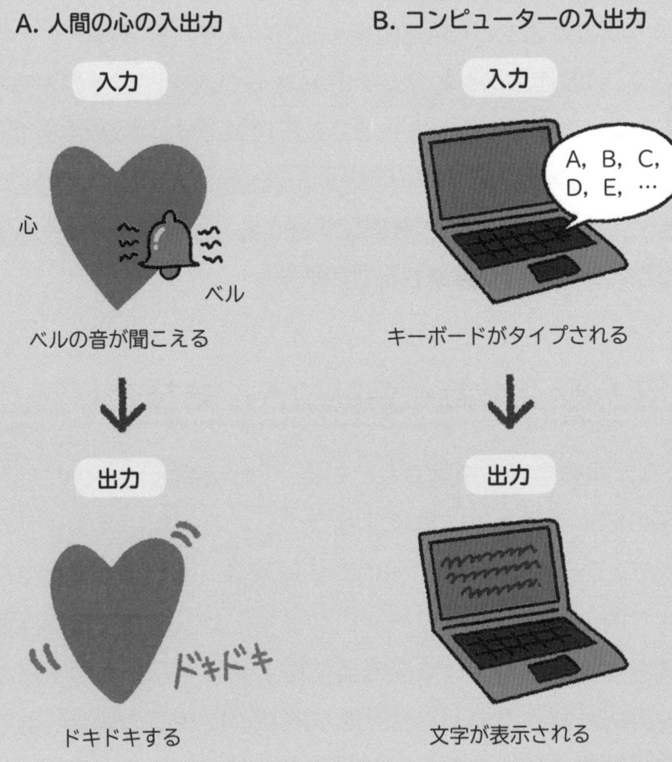

入力と出力の関係でみると，人の反応と
コンピューターの動きは，同じようにみえるわね。

— 心の哲学② —

9 人間の社会性は，どう生みだされるのか

社会性を実現している脳のはたらきを研究

生まれつき脳の発達が通常とことなることで，生活に支障をきたしてしまう脳の障害を，「発達障害」といいます。発達障害の一つである「ASD（自閉症スペクトラム障害）」をもつ人は，相手の表情を読み取ってコミュニケーションをとることが困難です。**ASDをもつ人のように，社会性の機能がうまくはたらいていない人の脳の活動を研究することで，人間の社会性を実現している脳（社会脳）のはたらきを解明しようという研究が進められています。**

さまざまな研究分野と結びつき，多様化した

1980年代後半から議論されたのは，「社会脳仮説」です。これは，霊長類の脳の大きさは，複雑な社会のしくみに対応するように大きくなったというものです。1990年代以降は，脳科学が発展するなかで，社会脳の研究はさらに活発になりました。**現在では，人間の道徳的な営みを実現している脳活動の研究や，美しいものを感知したりその美的感覚を生みだしたりする脳のはたらきの研究，脳と機械をつなぐ技術の研究なども行われています。**社会脳の研究は，さまざまな研究分野と結びつくことで，多様化しています。

社会脳

社会性を実現している脳のはたらきのイメージをえがきました。

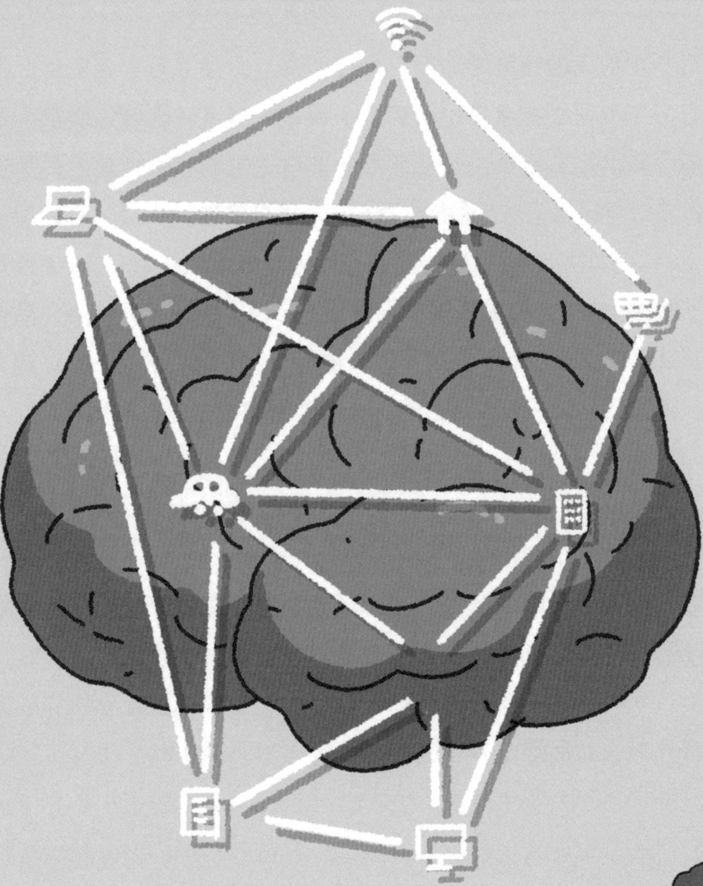

脳は，複雑な社会のしくみに対応しているのだ。

— 心の理論 —

10 他人の行動を予測できるのは，なぜなのか

心のはたらきと行動との関連性

私たちが他人の行動を理解したり予測したりするときには，その人の心の中で何がおきているのかを推測します。**目的・欲求・信念などの心のはたらきと，そこからみちびきだされる行動との関連性などについての考えを，「心の理論」とよびます。**また，心の理論にもとづいて人の心の状態を推測する能力があることを，「心の理論をもつ」といいます。この表現を発案したのは，アメリカの霊長類研究者のプリマックとウッドラフです。2人は，チンパンジーの実験を通じて，チンパンジーも人間と同じく心の理論をもつと考えました。

自分の行動としてシミュレーションする

一方，他人の心の理解は、心の理論を通してではなく，まねすることを通して得られていると考える哲学者もいます。私たちは，他人のようすや行動を自分の行動としてシミュレーションし，そのときの自分の心の状態をみることで，他人の心の状態を理解しているといいます。この考え方を，「シミュレーション説」といいます。

心の理論とシミュレーション説は，どちらが正しいのかはわかっていません。また，ほかのしくみである可能性もあります。

チンパンジーの実験

プリマックとウッドラフは，14歳の雌のチンパンジーの「サラ」を被験者として，さまざまな実験を行いました。サラは，プラスチックのボードによる視覚言語を学習し，さまざまな心理実験に参加しました。

博士！
教えて!!

哲学者ってどんな人？

博士，哲学者ってどんな人なんですか。何をしているんですか？

多くの哲学者は，だいたい大学にいるんじゃ。授業のある日は学生に教え，授業のない日は資料を集めたり論文の執筆をしたりしておるぞ。

へぇ～，大学に行けば会えるのかぁ。じゃぁ，哲学者は，いつもどんなことを考えているんですか？

ふむ。身近にあるものごとについて，あらためて考えなおすようなことをしておるらしい。たとえば，「私は存在するのか」のような，あたりまえと思えることを疑って検証するのも，哲学の一部じゃ。

そんなこと考えたこともなかった！

ふぉっふぉっふぉ。そうじゃろう。じゃから，哲学者以外の人からすると，哲学者は変なことをいっていると感じられることもあるんじゃ。

私は
存在するのか？

— 人工知能の倫理 —

11 自動運転車の事故は，だれの責任なのか

人工知能は，ハンドルを切るべきか

人工知能（AI）の研究開発がさかんに行われている今，私たちは新たな倫理問題に直面しています。たとえば，自動運転車の運転を人工知能にまかせているとします。車の進行方向に，3人のグループが不用意に飛びだしてきました。ハンドルを切れば，3人をひかずにすみます。しかしその場合，ハンドルを切った先にいる別の1人をひいてしまいます。人工知能は，ハンドルを切るべきでしょうか。

問題におちいらないしくみづくりが重要

倫理学で，「ある人を助けるために，ほかの人を犠牲にしてもいいのか」という問題を，「トロッコ問題」といいます。自動運転車の人工知能がハンドルを切るべきか切らないべきかという問題は，典型的なトロッコ問題です。

トロッコ問題に，だれもが納得できる正解はありません。**自動運転車の開発では，トロッコ問題が発生したときの対処方法よりも，トロッコ問題におちいらないためのしくみづくりに，力が注がれるべきだという考え方もあります。**

人工知能の判断基準

人工知能が運転する車が，二者択一の選択をせまられる状況をえがきました。不用意に飛びだしてきた3人のグループか別の1人か，どちらかをかならずひいてしまう場合，人工知能はどう判断したらいいでしょうか。

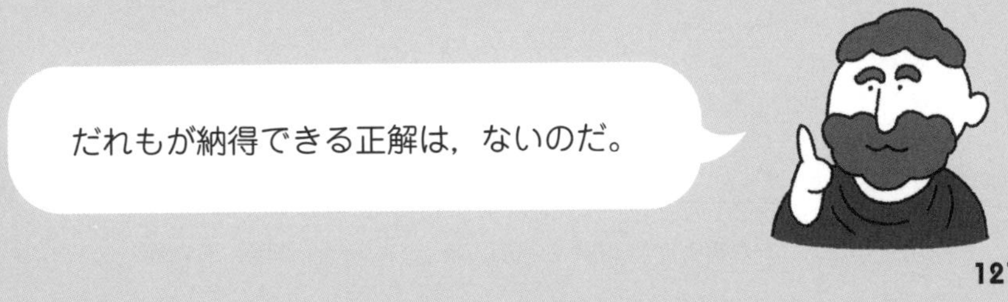

— 公衆衛生倫理 —

12 新型コロナのワクチンは，だれから接種すべきか

医療資源の配分ルールがある

日本では2021年2月17日から，新型コロナウイルスのワクチンの接種がはじまりました。**ワクチンの接種をはじめる際，だれに優先的に接種をするのかという，倫理的な問題がありました。**

医療資源の配分ルールには，「最大救命原則」「社会秩序原則」「抽選」「ライフサイクル原則」などがあります。最大救命原則はできるだけ多くの命を救うことを原則にし，社会秩序原則はできるだけ社会の秩序を維持することを原則にします。ライフサイクル原則は，若者ほど生きる機会を多くあたえられるという原則です。

自治体独自の優先接種者も指定された

日本政府が2021年2月9日に発表したワクチンの接種順位は，①医療従事者，②高齢者，③高齢者以外で基礎疾患のある人と高齢者施設ではたらく人，④それ以外の人，でした。**最大救命原則にしたがった方針と考えられます。**しかしその後，自治体の中には，保育園や幼稚園，小中学校ではたらく人などを，独自の優先接種者に指定したところもありました。接種順位を決めることは，けっして簡単なことではないのです。

（出典：『入門・医療倫理 III：公衆衛生倫理』，編／赤林朗，児玉聡編，勁草書房，2015年発行）

ワクチンの優先順位

新型コロナウイルスのワクチンは，だれに優先的に接種すればいいのでしょうか。日本政府が発表したワクチンの接種順位は，①医療従事者，②高齢者，③高齢者以外で基礎疾患のある人と高齢者施設ではたらく人，④それ以外の人でした。

日本のワクチンの接種順位は，できるだけ多くの命を救うことを原則にしているパンダ。

— 哲学マップ —

13 現代哲学の主な研究分野をみてみよう！

紹介した内容は，ほんの一部にすぎない

この本ではこれまで，古代から2500年以上にもわたってつづいてきた哲学の歴史を，とくに科学とのかかわりが深い項目に注目して紹介してきました。**最後に，現代哲学の主な分野を見渡せる「哲学マップ」を紹介しましょう（右のイラスト）。**

哲学マップをながめてみると，実にさまざまな事物が研究対象とされていることがわかるでしょう。これまでに紹介してきた内容は，哲学という広大な学問のほんの一部にすぎないのです。

「知りたい」という気持ちが原動力

思考や論理によって知を得る哲学と，観察や実験によって知を得る科学は，「知りたい」という気持ちを原動力にしている点では共通しています。人類が知的好奇心を手放さず，考えることをやめないかぎり，哲学と科学は，これからも発展をつづけていくことでしょう。

現代の哲学マップ

現代哲学の主な分野を見渡せる，「哲学マップ」をえがきました。
おおまかにつながりの深い分野どうしを，線で結んでいます。

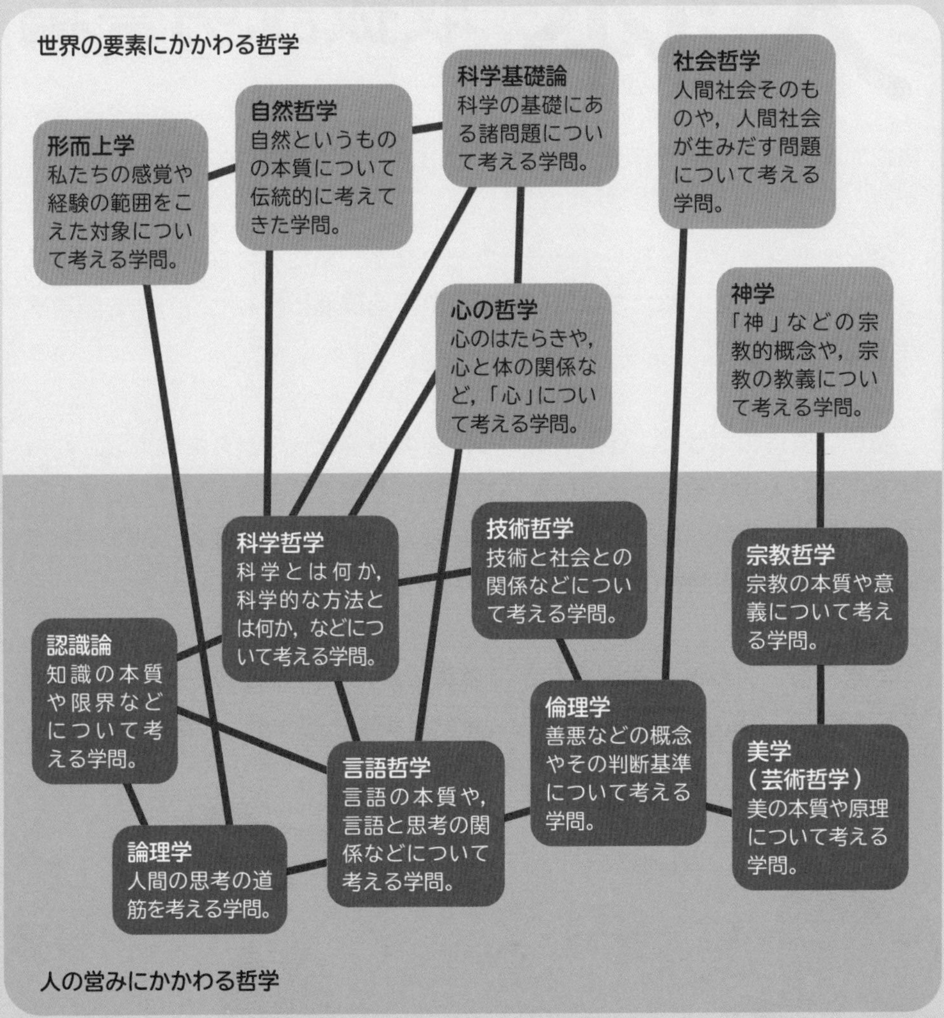

主な内容

骨と筋肉，肌の取扱説明書

スマホのやりすぎで，僧帽筋が悲鳴
ひざを下げる座り方で，腰の負担を減らそう！

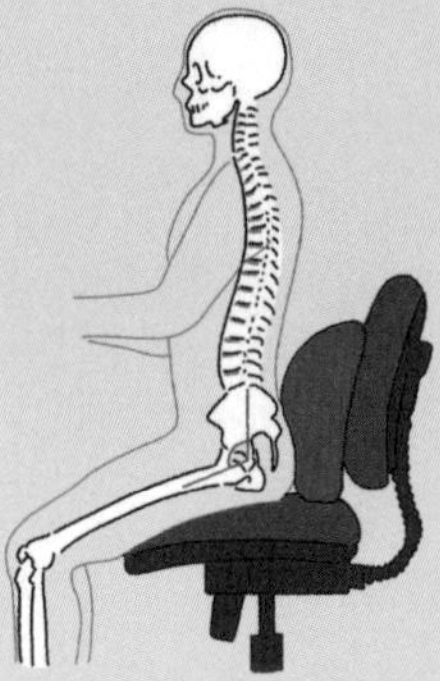

呼吸と血液の取扱説明書

鼻は空気をきれいにし，温度と湿度もととのえる
高血圧症は，サイレントキラー

目と耳の取扱説明書

またスマホ！　焦点が合いにくくなる
涙不足やまばたき不足が，目を傷つける

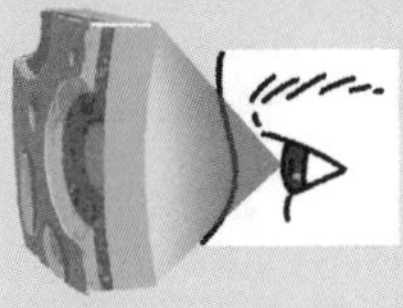

消化器と内臓の取扱説明書

腎臓は，1日に約1500リットルの血液をろ過
BMIに注意。やっぱり肥満は万病のもと

脳と神経系の取扱説明書

交感神経は戦闘モード，副交感神経は休息モード
頭痛には，三つの代表的な種類がある

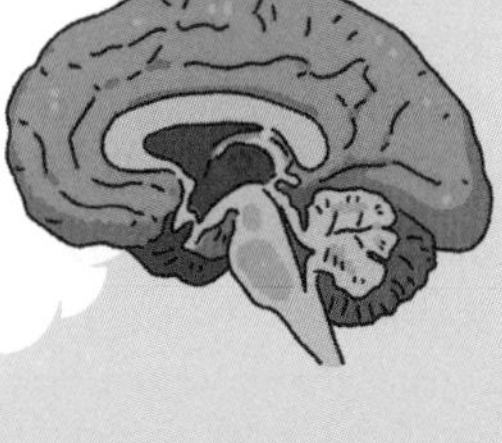

Staff

Editorial Management　木村直之
Editorial Staff　井手 亮，安達はるか
Cover Design　田久保純子
Editorial Cooperation　株式会社 オフィス201（高野恵子，新留華乃）

Illustration

表紙カバー　羽田野乃花
表紙　羽田野乃花
3～125　羽田野乃花

監修（敬称略）：
伊勢田哲治（京都大学大学院文学研究科准教授）

本書は主に，Newton 別冊『哲学』の一部記事を抜粋し，
大幅に加筆・再編集したものです。

初出記事へのご協力者（敬称略）：
伊勢田哲治（京都大学大学院文学研究科准教授）
一ノ瀬正樹（武蔵野大学教授，東京大学名誉教授）
金山万里子（元・大阪医科薬科大学教授）
金山弥平（名古屋大学人文学研究科名誉教授）

ニュートン式
超図解 最強に面白い!!
哲学

2021年10月15日発行

発行人　高森康雄
編集人　木村直之
発行所　株式会社 ニュートンプレス　〒112-0012 東京都文京区大塚3-11-6
https://www.newtonpress.co.jp/

ISBN978-4-315-52454-3